Euripides   Elektra

Euripides
ELEKTRA

Übersetzt und mit einem Nachwort versehen
von Hellmut Flashar

Die Deutsche Bibliothek verzeichnet diese Publikation
in der Deutschen Nationalbibliografie
http://dnb.ddb.de

© 2006 Verlag Antike e.K., Frankfurt am Main
Satz und Einbandgestaltung disegno visuelle kommunikation, Wuppertal
Gedruckt auf säurefreiem und alterungsbeständigem Papier
Printed in Germany

ISBN-10   3-938032-09-X
ISBN-13   978-3-938032-09-1

www.verlag-antike.de

Inhalt

Euripides

Elektra

Personen:

ein Bauer

Elektra, Tochter des Agamemnon und der Klytaimestra

Orest, Bruder der Elektra

Pylades, der Gefährte Orests

ein alter Sklave, der Erzieher Agamemnons

ein Bote

Klytaimestra

Chor argivischer Frauen

Schauplatz ist eine einsame Gegend im argivischen Bergland vor der Hütte
eines aus Mykene stammenden Bauern unweit des Heraheiligtums

Prolog

Bauer:

Du, altes Argos-Land! Fluten des Stromes Inachos!
Von hier ist einst, dem Schlachtengotte Ares folgend, mit tausend Schiffen
Gegen das Land der Troer gezogen: Agamemnon, der König!
Er tötete Priamos, den Herrscher im Land,
Und eroberte des Dardanos berühmte Stadt.   5
Dann kam er zurück in dieses Argos hier, und an die
Hohen Tempel heftete er unermeßliche Beute der Barbaren.
Ja, dort hatte er Glück, doch zu Hause
Mußte er sterben durch die List seiner Frau Klytaimestra
Und die Hand des Thyestes-Sohnes Aigisthos.   10
So verlor er die alten Szepter, von Tantalos ererbt,
Und ließ sein Leben. Aigisthos herrscht jetzt als König
Über das Land, mit der Frau Agamemnons, Tyndars Tochter.
Die Kinder ließ er zurück, als er nach Troia fuhr,
Den Sohn Orest und die Tochter Elektra in voller Blüte.   15
Ihn, Orest, hat des Vaters alter Pfleger heimlich herausgebracht
Aus der Gefahr, von der Hand Aigisths den Tod zu finden.
Er übergab ihn dem Strophios, ihn aufzuziehen im Land der Phoker.
Sie aber, die im Haus des Vaters blieb, Elektra – nach ihr verlangten,
Als der Jugend Blütezeit sie ganz umfing,   20
Werbend die ersten Männer von ganz Griechenland.
Aus Furcht, sie könnte einen Sohn gebären –
Agamemnons Rächer! – hielt Aigisth sie im Haus
Zurück und verband sie keinem Bräutigam.
Von unentwegter Furcht erfüllt,   25
Sie könnte heimlich Kinder einem Mann von hohem Stand gebären,
Beschloß er, sie zu töten. Die Mutter, rohen Sinnes
Sonst, rettete sie aus der Hand des Aigisthos.
Denn für den Gattenmord hatte sie einen Vorwand,
Bei den Kindern aber fürchtete sie üble Rede nach dem Mord.   30
Darauf ersann Aigisthos eine neue List.
Wer ihn, der den jetzt aus dem Lande Geflohenen,
Agamemnons Sohn, töten würde, für den setzte er Gold aus.
Mir aber gab er Elektra zur Frau, der ich

Mykenischem Geschlecht entstamme, – 35
Nein, da muß ich mich nicht rechtfertigen –
Von prächtigem Geschlecht bin ich, doch an Gütern
Arm, weshalb des Adels Glanz geschwunden ist,
So daß, gab er sie einem schwachen Mann, nur schwache Furcht er haben
 dürfte.
Denn hätte ein Mann von großem Ansehen sie zur Frau, 40
Dann würde der das schlafende Mordblut Agamemnons
Aufwecken, und Vergeltung käme über Aigisthos sogleich.
Niemals hat dieser Mann *(zeigt auf sich)* – Zeuge sei mir Kypris –
Sie im Bett geschändet. Sie ist noch Jungfrau.
Schämen müßte ich mich, wollt' ich fürstlicher Männer 45
Kinder nehmen und mich über sie erheben. Würdig bin ich dessen nicht.
Ich beklage ihn – dem Namen nach mein Schwager –,
Den armen Orest, wenn er einst nach Argos kommt
Und dann den unglücklichen Ehebund der Schwester sehen muß.
Doch wer mich einen Toren nennt, daß ich ins Haus 50
Nahm eine junge Frau, die ich nicht berühren will, der wisse:
Wer besonnenen Sinn mit schäbigem Maßstab mißt,
Der ist selbst ganz schäbig.

(Elektra kommt, einen Krug auf dem Kopf)

Elektra:
Schwarze Nacht, der goldenen Sterne Nährerin,
In der ich, dieses Gefäß auf dem Kopf,
Zum Quell des Flusses gehe.
Nicht, daß ich das nötig hätte,
Aber ich tu's, um den Göttern den Frevel Aigisths zu zeigen.
Klagen sende ich in den großen Äther, um den Vater.
Sie, die Ruchlose, Tyndars Tochter, meine Mutter, 60
Hat mich aus dem Haus geworfen, willfährig ihrem Gatten.
Geboren hat sie andere Kinder dem Aigisthos und
Sieht Orest und mich als fremd dem Hause an.

Bauer:
Was, du Arme, quälst du dich um meinetwillen,
Schaffst dir Mühen, warst du doch zuvor verwöhnt, 65
Und läßt davon nicht ab, was immer ich auch sage.

Elektra:
Ich achte dich für einen göttergleichen Freund,
Denn in meinem Leid verspottest du mich nicht.
Und groß für Menschen ist das Glück, in schwerer Not
Den Arzt zu finden – so sehe ich dich an. 70
So muß ich, auch ungebeten, soweit ich kann,
Dir deine Last erleichtern, daß du sie leichter trägst,
Und Arbeiten verrichten, vereint mit dir. Genug hast du zu tun da
Draußen, ich muß die Sachen hier im Haus
Besorgen. Tritt der Tagelöhner durch die Tür, 75
So freut er sich, es drinnen schön zu finden.

Bauer:
Wenn du willst, so geh'. Die Quellen sind nicht weit
Von dem Palast hier. *(er zeigt auf die armselige Hütte)*
Mit dem Tag will ich die Rinder auf die Weide treiben
Und auf den Fluren säen. Denn kein Fauler, der die Götter 80
Nur im Munde führt, kann das Leben bestreiten ohne Mühe.

(Bauer und Elektra ab, es kommen Orest und Pylades)

Orest:
Pylades, vor allen Menschen acht' ich dich als treuen
Freund und mir verbunden. Allein du hast
Diesem Orest hier *(er zeigt auf sich)* die Treue stets gehalten
In all dem Leid, das ich erfahren mußte von Aigisth, 85
Der mir erschlug den Vater, zusammen mit der verruchten
Mutter. Jetzt betrete ich, nach des Gottes geheimer Auskunft
Argos' Boden – niemand weiß davon –,
Um Mord zu tauschen mit den Mördern meines Vaters.
In dieser Nacht ging ich zum Grabe meines Vaters, 90
Tränen vergoß ich für ihn und schnitt mir eine Locke ab.
Und am Grabmal opferte ich das Blut eines geschlachteten Lammes,
Heimlich vor den Herrschern, die die Macht jetzt haben.
Doch in Argos' Mauern setz' ich meinen Fuß noch nicht.
Aus zweierlei Begehren bin ich zur Grenze dieses Landes nur gelangt, 95
Daß ich schnell herauskomme in ein anderes Land, falls
Ein Späher mich erkennt, und dann, um die Schwester zu suchen.
Man sagt, sie sei vermählt und wohne, nicht mehr ledig, hier.
Sie will ich treffen und als Mordes Helferin gewinnen und

Genau erfahren, wie es drinnen in den Mauern steht. 100
Doch jetzt, denn Eos erhebt ihr leuchtendes Antlitz,
Laßt uns diesen Pfad verlassen und zur Seite gehen,
Wo uns ein Ackersmann oder eine Dienerin
Erscheinen kann, die wir fragen könnten,
Ob meine Schwester in dieser Gegend wohnt. 105
Wohlan – ich sehe gerade eine Magd hier,
Die Last des Quellwassers auf dem geschorenen Haupte
Tragend – wir wollen uns verstecken und erkunden,
Ob wir von der Dienerin irgendeinen Tip bekommen können, 110
Pylades, wozu wir in dieses Land gekommen sind.

(beide verstecken sich)

Elektra:
Mach schneller – Stunde! – den Drang deines Fußes,
Geh' voran, geh' voran, da ich klagen muß.
Weh mir!
Ich bin die Tochter Agamemnons,
Und geboren hat mich Klytaimestra, 115
Die grausame Tochter des Tyndaros.
Es nennen mich die unglückliche
Elektra die Bürger.
Weh, weh der schrecklichen Mühen 120
Und des grauenvollen Lebens!
Vater! Du ruhst im Hades,
Von deiner Frau ermordet
Und von Aigisth, du, Agamemnon!
Wecke noch einmal die gleiche Klage, 125
Wiederhole das tränenreiche Verlangen.
Mach schneller – Stunde! – den Drang deines Fußes,
Geh' voran, geh' voran, da ich klagen muß.
In welche Stadt, in welches Haus,
Du armer Bruder, bist du verschlagen, 130
Seit du mich, Bejammernswerte,
In den väterlichen Gemächern verlassen hast,
Unter bittersten Schicksalsschlägen: die Schwester!
Kämst du mir Elenden als Erlöser dieser Qualen!
Zeus! Zeus! Rächer für den Vater 135
Am Blut der verhaßtesten Mörder,
Lenke nach Argos den umherirrenden Fuß.

(zu einer Dienerin)
Nimm dieses Gefäß mir vom Kopf, 140
Damit ich dem Vater nächtliche Klagelieder
Gellend herausschreie.
Schmerzensschreie, Trauergesang, Lied!
Vater unter der Erde, für dich
Stimme ich an des Hades Klagen,
In denen ich ständig Tag für Tag 145
Gefangen bin. Mit dem Nagel
Kratze ich mir den Hals und
Mit der Hand schlage ich den geschorenen Kopf,
Um deinen Tod.
Ach, ach, zernage das Haupt! 150
Wie ein singender Schwan am Ufer des Flusses
Nach seinem Vater, dem geliebtesten, ruft,
Der durch tückische Schlingen der Netze verendet,
So muß ich dich, unglücklichen Vater, beweinen!
Der du mit dem letzten Bad den Körper benetzt hast 155
Im elendsten Bett des Todes.
O weh mir, o weh mir,
Des bitteren Beiles Schärfe,
Die dich traf, des bitteren
Anschlags, als Du von Troia kamst! 160
Nicht mit schmückenden Bändern hat deine Frau dich
Empfangen, nicht mit Kränzen,
Sondern mit dem doppelschneidigen Schwert
Machte sie dich zum bitteren Opfer Aigisths 165
Und gewann ihn als tückischen Bettgenossen.

Parodos

Chor:
Agamemnons Tochter,
Ich komme, Elektra, zu deiner ländlichen Hütte.
Es kam, es kam ein Mann, den Milch nährt, 170
Ein Bürger Mykenes, der im Gebirge wohnt.
Er meldet, daß jetzt auf den dritten Tag
Die Argeier ein Opferfest ausrufen und alle Jungfrauen
Sich bereiten, zu Heras Tempel zu ziehen.

Elektra:

Nicht auf Festglanz steht, ihr Lieben,   175
Mein Sinn, auch nicht auf goldene
Ketten! Ich Arme!
Auch will ich nicht Chöre aufstellen und dann
Zusammen mit den Mädchen von Argos
Meinen Fuß im Tanze schwingen.   180
Unter Tränen verbringe ich die Nacht,
In Tränen verlebe ich Arme die Tage.
Sieh' mein schmutziges Haar,
Sieh' mein zerlumptes Gewand,
Ob sich das ziemt für Agamemnons Kind,   185
Die Tochter des Königs, und
Für Troia, gedenkend des Vaters,
Erobert einstmals von ihm.

Chor:

Groß ist die Göttin. Komm,
Nimm von mir ein reich besticktes   190
Festgewand und zieh' es an.
Und – uns zu Gefallen – nimm goldenen Festschmuck dazu.
Glaubst du, du kannst,
Ohne die Götter zu ehren, einzig mit Tränen über Feinde siegen?
Nicht mit Stöhnen und Seufzen,   195
Sondern mit Gebeten zu Ehren der Götter
Kannst du dir heitere Tage bereiten, mein Kind.

Elektra:

Kein Gott hört auf den Ruf
Einer Unglücklichen, und auch nicht auf das alte
Opferblut des Vaters.   200
Weh mir, um den ermordeten Vater,
Um den noch lebenden Flüchtling,
Der irgendwo in anderem Lande weilt,
Unglücklich herumirrend, vielleicht zu eines Tagelöhners Herd,
Er, des hochberühmten Vaters Sohn.   205
Ich selbst wohne in dürftigem Haus,
Mir die Seele zernagend,
Aus dem väterlichen Palast vertrieben,
Auf einsamen Felsen.

Doch die Mutter haust in mörderischen Betten,   210
Einem anderen vermählt.

Erstes Epeisodion

Chorführerin:
An vielen Leiden, den Griechen und deinem Hause gebracht,
Ist sie schuldig, Helena, die Schwester der Mutter.

Elektra:
Ihr Frauen, ich setze ein Ende den Klagen.   215
Zwei Fremde, die sich hinter dem Haus versteckt hielten,
Kommen jetzt aus ihrem Hinterhalt hervor.
Flieht ihr doch auf dem Weg nach unten, ich geh' ins Haus,
Um den Frevlern auszuweichen.

Orest:
Bleib', du Arme, zittere nicht vor meiner Hand.   220

Elektra:
Phoibos Apollon, ich knie nieder. *(zu Orest)* Töte mich nicht!

Orest:
Eher töte ich andere, die dir verhaßt sind.

Elektra:
Geh' weg! Berühre nicht, was du nicht berühren darfst.

Orest:
Es gibt nichts, was ich mit größerem Recht berühren könnte.   225

Elektra:
Und was lauerst du bewaffnet hier an meinem Haus?

Orest:
Bleibe und höre! Bald wirst du nicht mehr widersprechen.

Elektra:
Ich bleibe! Ganz und gar bin ich in deiner Hand; du bist der Stärkere.

Orest:
Ich bin hier, dir Nachricht zu bringen von deinem Bruder.

Elektra:
O, Liebster, lebt er oder ist er tot?

Orest:
Er lebt! Zuerst will ich das Gute dir vermelden.   230

Elektra:
Glücklich sollst du sein, als Lohn für süßeste Worte.

Orest:
Gemeinsam gelte dies uns beiden.

Elektra:
Wo in aller Welt hält sich der Unglückliche in unglücklicher Verbannung
auf?

Orest:
Er achtet die Satzung nicht nur einer Stadt, und so reibt er sich auf.

Elektra:
Hat er nicht Mangel an dem, was man täglich braucht?   235

Orest:
Er hat ihn, doch machtlos ist er als verbannter Mann.

Elektra:
Welche Nachricht bringst du von ihm auf deinem Weg hierher?

Orest:
Er möchte wissen, ob du lebst, und, wenn du lebst, unter welchem Geschick.

Elektra:
Siehst du selbst nicht als erstes, wie ausgedörrt mein Körper ist?

Orest:
Vom Kummer verzehrt, so daß ich stöhnend klagen muß.   240

Elektra:
Und mit einem Messer geschoren das Haupthaar.

Orest:
Es nagt an dir das Los des Bruders und des Vaters Tod.

Elektra:
Ach, was könnte mir teurer sein als diese beiden.

Orest:
Weh mir, bedeutest du nichts dem Bruder?

Elektra:
Er ist nicht da und, obwohl nicht da, geliebt. 245

Orest:
Warum wohnst du hier, weit weg von der Stadt?

Elektra:
Verheiratet bin ich, Fremder, in Ehe, die mir Tod ist.

Orest:
Schlimm für deinen Bruder! Ist es ein Mann aus Mykene?

Elektra:
Nicht einer, dem mein Vater mich zur Frau dereinst zu geben hoffte.

Orest:
Sprich, damit ich höre und dem Bruder dann berichten kann. 250

Elektra:
In einem Hause wohne ich mit ihm, und fern der Stadt.

Orest:
Ein Feldarbeiter oder Hirte mag so wohnen.

Elektra:
Arm ist der Mann, gütig zu mir und gottesfürchtig.

Orest:
Die Gottesfurcht, wie zeigt sie sich bei deinem Mann?

Elektra:
Noch nie hat er gewagt, mein Bett zu berühren.   255

Orest:
Wohnt in ihm heilige Scheu oder Verachtung?

Elektra:
Nicht erheben will er sich über hochgeborene Eltern.

Orest:
Und wie konnte er sich solcher Ehe nicht erfreuen?

Elektra:
Der, der mich ihm gab, sei nicht befugt dazu. Das meinte er, Fremder.

Orest:
Ich verstehe! Orest könnte ihn eines Tages strafen.   260

Elektra:
Das eben scheut er; es kommt hinzu: Besonnen ist er seinem Wesen nach.

Orest:
Gewiß, ein guter Mann ist er, von dem du sprichst. Man muß ihm Gutes
tun.

Elektra:
Ja, wenn er nach Hause kommt. Jetzt ist er weg.

Orest:
Die Mutter, sie, die dich gebar, ließ sie dies zu?

Elektra:
Frauen, Fremder, sind Geliebte den Männern, nicht den Kindern.   265

Orest:
Weshalb tat Aigisth dir diese Schmach an?

Elektra:
Er wollte, daß ich schwache Kinder gebäre, einem solchen Mann vermählt.

Orest:
Damit du keine Söhne gebären solltest, die ihn rächen könnten?

Elektra:
So dachte er wohl, doch wird er mir noch büßen müssen!

Orest:
Weiß er denn, daß du noch Jungfrau bist, der Gatte deiner Mutter?   270

Elektra:
Das weiß er nicht. Wir verschweigen es ihm.

Orest:
Und diese hier, sind sie dir freund, die diese Worte hören?

Elektra:
So sehr, daß sie meine und deine Worte bewahren, ganz zuverlässig.

Orest:
Und was täte Orest wohl jetzt, wenn er hierher nach Argos käme?

Elektra:
Das fragst du noch? Schlecht gesagt! Treibst du es jetzt nicht auf die
Spitze?   275

Orest:
Gesetzt, er käme, wie könnte er töten den Mörder deines Vaters?

Elektra:
Indem er wagt zu tun, was am Vater gewagt die Feinde.

Orest:
Würdest du es wagen, mit ihm vereint auch die Mutter zu töten?

Elektra:
Mit dem gleichen Beil, mit dem der Vater vernichtet wurde.

Orest:
Soll ich das ihm melden als ein sicheres Wort von dir? 280

Elektra:
Ich könnte selbst sterben, wenn ich das Blut meiner Mutter vergossen habe.

Orest:
Ach, wäre doch Orest in der Nähe, das zu hören.

Elektra:
Doch, Fremder, ich würde ihn nicht erkennen, sähe ich ihn vor mir.

Orest:
Kein Wunder, Kind warst du, als du getrennt wurdest vom Kind.

Elektra:
Da ist nur einer, der ihn erkennen könnte, unter denen, die mir freundlich
sind. 285

Orest:
Ist es der, von dem es heißt, er habe ihn heimlich vor dem Tod bewahrt?

Elektra:
Es ist der Erzieher des Vaters, der altehrwürdige Mann.

Orest:
Dein verstorbener Vater, hat er ein Grabmal bekommen?

Elektra:
Er hat es bekommen, wie man's bekommt. Man warf ihn aus dem Haus.

Orest:
Weh mir! Was sagst du da! Auch das Mitgefühl 290
Für fremde Leiden ergreift des Menschen Herz.
Doch sprich, damit ich es erfahre und deinem Bruder sagen kann,
Was ihn nicht erfreuen wird, was er aber hören muß.
Mitgefühl regt sich niemals in stumpfem Wesen, 295
Wohl aber bei denen, die fein empfinden; doch kann es schädlich sein,
Wenn bei den Empfindsamen allzu empfindlicher Sinn zu finden ist.

Chorführerin:
Und auch ich habe den gleichen Herzenswunsch wie dieser Mann.
Fern von der Stadt, wie ich es bin, weiß ich nicht, was Schlimmes dort
Geschehen ist. Jetzt will ich es erfahren.

Elektra:
Ja, ich werde reden, wenn es sein muß – und zum Freunde muß man
   reden –, 300
Über die schweren Schicksalsschläge, die meinen Vater trafen.
Da du mich zur Rede drängst, so flehe ich dich an, Fremder,
Berichte dem Orest von meinem und von seinem Leid,
Zuerst, in welchen Kleidern ich hier draußen leben muß,
Mit wieviel Schmutz ich behaftet bin, unter welchem Dach 305
Ich wohne statt im Königshause,
Wie ich selbst mühevoll am Webstuhl meine Kleider webe.
Sonst müßte ich nackt gehen, am Körper völlig entblößt.
Ich selbst trage für mich das Wasser vom Flußquell heim,
Ich halte mich fern von Götterfesten und Reigentänzen. 310
Ich meide die Frauen, da ich noch Jungfrau bin,
Ich meide Kastor, dem ich, bevor er zu den Göttern ging,
Verlobt war, ihm standesgemäß.
Meine Mutter sitzt unter der Phrygerbeute
Auf dem Königsthron und um ihren Sitz stehen 315
Asiatische Dienerinnen, die erbeutet hat mein Vater, und die nun
Die Phrygermäntel mit goldenen Spangen befestigen.
Das Blut des Vaters klebt noch schwarz an den Wänden,
Und der, der ihn getötet, fährt im Königswagen meines Vaters,
Und das Szepter, mit dem er, der Vater, den Griechen einst gebot, 320
Hält er mit mordbefleckten Händen prahlend.
Agamemnons Ruhestätte ist ungeehrt,
Noch nicht empfing sie Weihgüsse und Myrtenzweige,
Der Scheiterhaufen ist leer von Opferschmuck. 325
Vom Weine trunken trampelt, wie man berichtet,
Der ‚ruhmreiche‘ Gatte meiner Mutter auf dem Grab
Und wirft mit Steinen nach dem Grabmal meines Vaters,
Und er wagt es, dieses Wort an uns zu richten:
„Wo ist der Sohn Orest? Ist er etwa hier, 330
Um das Grab zu schützen?" So wird der Abwesende verhöhnt.
Und nun, Fremder, ich flehe dich an, berichte ihm das.
Viele Anzeichen melden es ja schon, deren Dolmetsch ich bin:

Die Hände, die Zunge, das leidbeschwerte Herz,
Mein kahlgeschorener Kopf, und er, der Vater, der ihn, meinen Bruder
 gezeugt. 335
Eine Schande wär's, wenn der Vater die Phryger besiegt hat allesamt,
Und er, der eine, nicht einen töten könnte,
Gewiß, noch jung und eines besseren Vaters Sohn.

Chorführerin:
Hier sehe ich ihn, den du deinen Gatten nennst,
Von der Arbeit nach Hause kommen. 340

Bauer:
Was sind das für Fremde, die ich an meinem Tor hier sehe?
In welcher Absicht sind sie zu unserer ländlichen Hütte
Hier heraufgekommen? Wollen sie etwas von mir? Für eine Frau
Ist es unschicklich, mit jungen Männern herumzustehen.

Elektra:
Mein Liebster, komme mir nicht mit Argwohn! 345
Du sollst erfahren, worum es wirklich geht. Denn diese Fremden hier
Haben Nachrichten von Orest, die sie mir als Boten überbringen.

Bauer:
Was sagen sie? Lebt der Mann und schaut er das Licht der Sonne?

Elektra:
Er lebt, so sagen sie jedenfalls, und was sie sagen ist für mich nicht
 unglaubhaft. 350

Bauer:
Denkt er denn an den Vater und an deine Leiden?

Elektra:
Das will ich hoffen. Machtlos ist ein verbannter Mann.

Bauer:
Und mit welcher Nachricht von Orest sind sie hierher gekommen?

Elektra:
Er sandte sie, mein elendes Geschick zu erkunden.

Bauer:
Nun, das sehen sie ja! Das Weitere wirst du ihnen sagen.   355

Elektra:
Sie wissen Bescheid, nichts blieb ihnen vorenthalten.

Bauer:
So sollte diese Tür schon längst euch offenstehen.
Kommt ins Haus! Für eure guten Worte
Empfangt Geschenke, wie sie diese Hütte birgt.
Bringt, Diener, ihr Zeug ins Haus hinein.   360
Und ihr, widersprecht mir nicht, seid ihr doch von einem Freund als
  Freunde
Gekommen. Und wenn ich auch arm bin,
So werde ich doch nie ein kleinliches Verhalten zeigen.

Orest:
Bei den Göttern! Ist das der Mann, der fernbleibt deinem
Ehebett, weil er Orest keine Schande bringen will?   365

Elektra:
Ja, ihn nennt man der unglücklichen Elektra Gatten!

Orest:
Es gibt kein sich'res Zeichen für den Edelmut,
Denn Verwirrung birgt der Sterblichen Natur.
Gesehen hab' ich schon manchen Sohn von edlem Vater,
Der nichts wert ist, aber tüchtige Kinder von schlechten Eltern,   370
Und Leere im Kopfe eines reichen Mannes,
Und einen starken Sinn in armem Körper.
Wie kann man, dieses sorgsam wägend, hier ein rechtes Urteil fällen?
Nach Reichtum? Einem üblen Richter vertraute man dann wohl.
Oder nach denen, die nichts haben? Aber auch die Armut ist ein Gift,   375
Lenkt doch die Not den Mann zum Bösen.
Oder soll ich nach den Waffen gehen? Doch wer vermag im Angesicht des
  Speeres
Zu bezeugen, wer der Gute ist.
Am besten ist's, wir lassen es so ungefähr dahingestellt.
Doch dieser Mann *(zeigt auf den Bauern)*, nicht bei den Argivern groß,   380
Nicht durch das Ansehen seiner Ahnen aufgebläht,
Unter den Vielen Einer, hat sich bewährt als der Allerbeste.

23

(Das Folgende wird a parte zum Publikum gesprochen)

Wollt ihr nie vernünftig werden, die ihr von leerem Wahn
Erfüllt, umherirrt und die Menschen nicht nach ihrem Umgang wägt
Und auch die Edlen nicht nach Stärke des Charakters?   385
Denn solche Männer regieren gut Städte
Und Häuser. Doch bloße Fleischesmassen, leer im Kopf, sind
Säulen nur des Marktes. Auch im Lanzenkampf
Hält der mit starkem Arm nicht mehr aus als der Schwache.
Auf die Gabe der Natur kommt es an und auf starken Mut.   390
Doch er ist würdig, ob er nun nah ist oder fern,
Agamemnons Sohn, für den wir hierher gekommen sind.
Wir wollen annehmen die Erquickung dieses Hauses. Diener,
Geht ins Haus hinein! Ist mir doch ein armer
Gastgeber mehr willkommen als ein reicher.   395
So lob' ich dieses Mannes Gastlichkeit,
Doch lieber wär's mir, wenn dein Bruder,
Mich führen würde in ein glückliches Haus, selbst glücklich.
Bald wird er wohl kommen, denn verläßlich sind Apolls
Orakelsprüche; der Menschen Seherkunst laß ich auf sich beruhen.   400

(Orest geht mit Pylades ins Haus)

Chorführerin:
Jetzt mehr als zuvor, Elektra, ist vor Freude
Unser Herz erwärmt, denn vielleicht,
Wenn auch langsam, wendet sich dein Schicksal jetzt zum Guten.

Elektra:
(an den Bauern gerichtet)
Du Armer kanntest doch die Not des Hauses,
Warum hast du diese Fremden empfangen, die doch höher stehen als du.   405

Bauer:
Wieso? Wenn es edle Menschen sind, wie es den Anschein hat,
Sind sie dann nicht im Kleinen ebenso zufrieden wie im Großen?

Elektra:
Da du nun einmal diesen Fehler begangen hast
– du hast doch keine großen Mittel –

Geh' zum alten Pfleger meines Vaters, der mir lieb ist.
Am Flusse Tanaos, der die Grenze zwischen Argos   410
Und dem Land der Spartaner bildet,
Weidet er die Herden, ausgestoßen aus der Stadt.
Sag ihm, er möge kommen, da diese bei mir eingekehrt sind,
Und er solle zur Bewirtung uns'rer Gäste das Nötige beschaffen.
Er wird sich freuen und den Göttern danken,   415
Wenn er hört, daß der lebt, den er einst als Kind gerettet hat.
Aus dem väterlichen Hause von der Mutter
Können wir wohl nichts bekommen. Bitter wäre ihr die Nachricht,
Wenn die Elende erführe, Orest sei am Leben.

Bauer:
Nun, wenn du es willst, werd' ich diese Worte dem Alten   420
Überbringen. Geh' du ins Haus sogleich
Und richte alles drinnen. Viel findet eine Frau,
Wenn sie es sucht, zum Mahle aufzutischen.
So viel ist doch wohl im Hause,
Um für einen Tag die Gästen mit Speis und Trank zu sättigen.   425

(Elektra geht ins Haus)

Denke ich in solcher Lage tiefer nach,
Dann wird mir klar, welch große Macht der Reichtum hat,
Um Gäste zu beschenken, um den Körper, in Krankheit gefallen,
Mit viel Aufwand wiederherzustellen. Doch zum täglichen Brot
Bedarf es wenig. Denn wer satt geworden ist,   430
Der Arme wie der Reiche, trägt gleichen Gewinn davon.

Erstes Stasimon

Chor:
Glorreiche Schiffe, die ihr einst gegen Troia zogt
Mit unzähligen Rudern,
Geleitend Tänze mit den Nereïden, den Meerjungfrauen,
Wo der Delphin, vom Schall der Flöten angelockt,   435
Aufsprang, um den Schiffsbug mit dunklem Schnabel
Sich tummelnd,
Begleitend den Sohn der Thetis,

Den schnellen Läufer Achill
Zusammen mit Agamemnon nach Troia   440
Zu den Gestaden des Flusses Simoieis.

Es brachten die Nereiden, Euboeas Küsten verlassend,
Die Rüstung, Arbeit vom Amboß Hephaists,
Die goldenen Waffen.
Auf den Pelion, über die hintersten   445
Schluchten des heiligen Ossa,
Bei den fernen Winkeln der Nymphen,
Spürten die Mädchen ihn auf, wo der Vater,
Der rossekundige, ihn aufzog,
Das Licht für Hellas, den Sohn der Meeresgöttin Thetis
Den schnellfüßigen Schutz der Atriden.   450

Von einem Mann, der aus Troia kam, vernahm ich
Im Hafen von Nauplia, wie
Auf deinem, Sohn der Thetis, herrlichen Schild
Im Kreise Zeichen – zum Schrecken für die Phryger –   455
Kunstvoll gemalt sind.
Auf einem Feld des umlaufenden Kreises
Hielt Perseus, mit Flügelschuhen über das Meer eilend,
Das abgeschnittene Haupt der Gorgo,   460
Zusammen mit Hermes, dem Boten,
Dem Sohn der Maja, dem Beschützer des Landes.
In der Mitte des Schildes strahlt leuchtend
Die Scheibe des Helios   465
Mit den geflügelten Rossen und
Der Sterne himmlischer Reigen,
Die Plejaden, die Hyaden, für Hektors
Augen fluchtgebietend.
Auf dem goldgeschmiedeten Helm   470
Halten Sphingen mit ihren Krallen
Opfer ihres Gesanges. Auf der umlaufenden Wölbung
Eilt feuerschnaubend die Löwin mit ihren Pranken,
Das Fohlen aus Peirene im Blick.   475

Auf dem mordenden Schwert
Stürmt ein Viergespann;
Schwarz erhebt sich hinter seinem Rücken eine Wolke von Staub.

Den Herrscher so kampferprobter Männer
Erschlugst du, Tyndars Tochter, 480
Deinen Gatten, Schlechtes im Sinn.
Dafür werden die Himmlischen dich
In den Tod noch senden. Wahrlich,
Ich werde noch sehen, wie deinem Nacken 485
Blut entströmt, vom Schwert getroffen.

Zweites Epeisodion

Alter:
Wo, wo ist die junge Frau, meine Herrin und Gebieterin,
Die Tochter Agamemnons, den ich einst erzogen habe?
Welchen steilen Aufstieg hat man doch zu diesem Haus,
Wie schwer für meine alten Knochen, hier heraufzukommen! 490
Doch zu Freunden muß man wohl
Den krummen Rücken schleppen und das wankende Knie.
Tochter – eben sehe ich dich vor dem Hause schon –,
Ich komme und bringe dir aus meiner Herde
Hier ein junges Lamm, das ich der Mutter Brust entzog, 495
Und Kränze und Käse, den ich aus den Körben nahm,
Und diesen alten Schatz hier von Dionysos,
Stark duftend; es ist nicht viel, doch genug, um
Den süßen Tropfen dem schwächeren Trunke beizumischen.
Gehe einer, um den Fremden dies ins Haus zu bringen. 500
Ich aber will mit diesem Zipfel meines Mantels von meinem
Feuchten Auge die Tränen abwischen.

Elektra:
Warum, Alter, hast du Tränen in den Augen?
Denkst du nach langer Zeit an meine Leiden?
Oder beklagst du die Flucht des unglücklichen Orest 505
Oder meinen Vater, den du einst in deinen Händen hieltest
Und erzogen hast, jetzt vergeblich für dich und deine Freunde?

Alter:
Vergeblich, ja! Gleichwohl, ich hab' es nicht ertragen.
So ging ich hin zu seinem Grab, abseits vom Weg,

Kniete nieder und weinte, im Schutz der Einsamkeit.   510
Und ich brachte ein Trankopfer dar, öffnete den Schlauch,
den ich jetzt den Fremden bringe,
Und legte Myrtenzweige um das Grab.
Doch da sah ich auf der Brandstätte selbst ein Schaf mit schwarzer Wolle
Als Opfertier, und Blut, vor nicht langer Zeit vergossen,
Und von blondem Haar abgeschnittene Locken.   515
Und ich staunte, mein Kind, welcher Mensch wohl den Mut hatte,
Sich dem Grab zu nähern. Ein Argiver war es sicher nicht.
Wohl aber kam vielleicht dein Bruder, heimlich,
Und ehrte das unselige Grab des Vaters.
Siehe nur diese Locke und lege sie um deinen Schopf,   520
Ob er die gleiche Farbe hat wie das abgeschnittene Haar!
Denn so ist es doch: Wer das selbe Blut vom Vater hat,
Ist meist auch gleich in jeder Eigenart des Körpers.

Elektra:
Alter, du redest nicht, wie es sich für einen klugen Mann gehört,
Wenn du meinst, heimlich sei in dieses Land, aus Furcht vor Aigisthos,   525
Mein unerschrockener Bruder gekommen.
Und dann, die Locke, wie kann sie gleichen meinem Haar?
Das eine, an einem edlen Mann beim Sport gewachsen,
Das andere, durch Kämmen weich gepflegt, nein, unmöglich!
Bei Vielen kannst du gleiches Haargekräusel finden,   530
Die nicht vom selben Blute sind, Alter!

Alter:
So tritt in seine Fußspur und prüfe, ob sie
Übereinstimmt mit dem Maße deines Fußes, mein Kind!

Elektra:
Wie kann es auf felsigem Boden
Eine Fußspur geben? Und wenn schon,   535
Wie könnte von zwei Geschwistern, Mann und Frau,
Die Spur die gleiche sein. Die männliche ist größer.

Alter:
Gewiß. Doch wenn dein Bruder jetzt nach Hause käme,
Würdest du dann nicht das Gewand erkennen, von dir gewebt,
In das ich einst ihn heimlich barg, um vom Tode ihn zu retten?   540

Elektra:
Weißt du nicht mehr, daß ich, als Orest aus diesem Lande floh,
Noch ein Kind war? Und selbst wenn ich das Gewand gewebt hätte,
Wie trüge er jetzt das gleiche Kleid wie damals, als er Knabe war,
Wenn doch mit dem Körper nicht zugleich die Kleidung wächst?
Nein, entweder ein Fremder hat mitleidsvoll am Grab die Locke
Abgeschnitten, oder ein Mann aus diesem Lande   545
Ist heimlich hierher gekommen.

Alter:
Die Fremden – wo sind sie? Ich will hineingehen
Und sie befragen über deinen Bruder.

Elektra:
Dort aus dem Hause kommen sie mit schnellem Schritt.

Alter:
Sie scheinen edel, doch man kann sich täuschen.   550
Denn viele von edler Geburt sind doch von schlechter Art.
Gleichwohl – seid gegrüßt, ihr Fremde.

Orest:
Sei gegrüßt, Alter! Zu wem deiner Freunde, Elektra,
Gehört dieses alte Überbleibsel eines Mannes?

Elektra:
Das ist der, der meinen Vater aufgezogen hat.   555

Orest:
Was sagst du? Der, der deinen Bruder heimlich weggebracht?

Elektra:
Der ist es, der den Bruder gerettet hat, falls dieser noch am Leben ist.

Orest:
Sieh!
Was blickt er mich so an, als prüfe er einer Silbermünze
Glänzende Prägung? Oder vergleicht er mich mit jemandem?

Elektra:
Vielleicht freut es ihn, einen Jugendfreund Orests in dir zu sehen.   560

Orest:
Einen lieben Mann, gewiß. Doch was tanzt er so um mich herum?

Elektra:
Auch ich wundere mich, Fremder, wenn ich das so sehe.

Alter:
Herrin, sage Dank, Tochter Elektra, den Göttern.

Elektra:
Für etwas Fernes oder etwas Gegenwärtiges?

Alter:
Einen teuren Schatz zu fassen, den ein Gott dir zeigt.   565

Elektra:
Nun ja, ich rufe die Götter an. Oder möchtest du noch etwas sagen, Alter?

Alter:
So sieh doch den da an, mein Kind, den Liebsten!

Elektra:
Schon lange sehe ich, ob du noch bei Sinnen bist!

Alter:
Von Sinnen bin ich, wenn ich deinen Bruder sehe?

Elektra:
Was hast du, Alter, für ein unverhofftes Wort gesprochen?   570

Alter:
Daß ich Orest hier sehe, Agamemnons Sohn.

Elektra:
Und welches Merkmal hast du erkannt, dem ich trauen kann?

Alter:
Die Narbe an der Augenbraue, als er sich – noch zu Hause –
Auf der Jagd nach einem Reh, zusammen mit dir, im Sturz verletzte.

Elektra:
Was sagst du da? Ich sehe wohl das Zeichen dieses Sturzes.   575

Alter:
Und zögerst noch, dem Liebsten um den Hals zu fallen?

Elektra:
Nicht länger, Alter, denn von deinem Zeichen bin ich überzeugt.
(zu Orest) Endlich bist du da, jetzt habe ich dich, ganz unverhofft.

Orest:
Und ich habe endlich dich!

Elektra:
Was ich nie erwartet hatte!

Orest:
Auch ich, ich hab' es nicht gehofft!   580

Elektra:
Bist du es wirklich?

Orest:
Ich allein, ich bin dein Retter, wenn mir der Wurf gelingt,
Den ich seit langem plane.
Darauf vertrau' ich – oder will nicht länger an Götter glauben,
Wenn das Unrecht über dem Gerechten steht.

Chor:
Du kamst, du kamst, lang ersehnter Tag,   585
Strahlend, du zeigst der Stadt
Ein leuchtend helles Licht, ihn, der in langer Flucht
Fern vom Hause des Vaters elend
Umherirrend, wiederkam.
Ein Gott, ja ein Gott führt uns zum Sieg, Geliebte!   590
Erhebe die Hände, erhebe das Wort, sende Gebete

Den Göttern, daß mit Glück, ja mit Glück dir
Der Bruder einziehe in die Stadt. 595

Orest:
Genug! Die süßen Freuden der Umarmung
Kenne ich nun, später können wir uns dem wieder hingeben.
Du aber, Alter – du kamst zur rechten Zeit –,
Sag uns, wie ich den Mord am Vater rächen kann.
Gibt es in Argos Freunde noch, die mir wohlgesonnen sind? 600
Oder hat sich alles zerstreut zugleich mit meinem Geschick?
Mit wem kann ich zusammentreffen? Bei Nacht oder bei Tage?
Auf welchem Wege kann ich mich gegen meine Feinde wenden?

Alter:
Mein Kind, niemand ist dir im Unglück Freund. 605
Ein wahrer Fund ist es,
Wenn einer beisteht im Guten wie im Schlimmen.
Du aber – von Grund auf bist du den Freunden ganz entschwunden
Und hast keine Hoffnung zurückgelassen. Hör mich an:
In deiner Hand hast du alles, und Glück brauchst du dazu, 610
Das väterliche Haus und die Stadt zu gewinnen, durch dich allein.

Orest:
Was soll ich tun, um an dieses Ziel zu kommen?

Alter:
Du tötest des Thyestes Sohn und deine Mutter.

Orest:
Ich trete an zu diesem Siegeskranz! Doch wie erlang' ich ihn?

Alter:
Nicht innerhalb der Mauern, selbst wenn du es wolltest. 615

Orest:
Ist der Mann von Wachen umgeben und von geschickten Lanzenträgern?

Alter:
Du hast es erkannt. Er hat Angst vor dir, schläft nicht mehr ruhig.

Orest:
Hast du einen brauchbaren Plan, Alter? 620

Alter:
Hör mich an! Gerade kam mir ein Gedanke.

Orest:
Gib mir einen Hinweis, der mir hilft. Dann weiß ich schon Bescheid.

Alter:
Ich sah Aigisthos, als ich mich hierher schleppte.

Orest:
Das ist gut, was du da sagst. Wo hält er sich auf?

Alter:
Auf dem Lande. Nicht weit von hier; dort, wo die Pferde weiden.

Orest:
Was macht er da? Ich sehe Hoffnung nach dem Ausweglosen.

Alter:
Den Nymphen ordnet er ein Fest; so schien es mir. 625

Orest:
Für das Gedeihen schon geborener Kinder oder für die kommende Geburt?

Alter:
Ich weiß nur Eines: Stieropfer rüstet er.

Orest:
Mit vielen Männern? Oder ist er allein, nur von Dienern begleitet?

Alter:
Kein Mann aus Argos ist dabei, nur Leute vom Haus.

Orest:
Nicht einer, der mich erkennen würde, wenn er mich sieht, Alter? 630

Alter:
Nur Diener sind es, die dich nie gesehen haben.

Orest:
Würden sie, wenn wir siegen, auf unserer Seite sein?

Alter:
Das ist die Eigenart von Sklaven; für dich von Vorteil.

Orest:
Wie kann ich je in seine Nähe kommen?

Alter:
Geh' dorthin, wo er dich sehen muß, wenn er das Stieropfer ausrichtet.   635

Orest:
Hat er an diesem Weg hier, so scheint es, seine Ländereien?

Alter:
Wenn er dich dort sieht, lädt er dich zum Mahle ein.

Orest:
Einen bitteren Tischgenossen, wenn ein Gott es will.

Alter:
Was dann weiter vorfällt, mußt du selbst bedenken.

Orest:
Gut gesagt. Doch meine Mutter – wo ist sie?   640

Alter:
In Argos. Sie wird später bei ihrem Gatten zum Mahl zugegen sein.

Orest:
Warum ist meine Mutter nicht gleich mit ihrem Gatten herausgefahren?

Alter:
Sie fürchtet Mißfallen der Bürger und bleibt daher zurück.

Orest:
Ich verstehe. Sie weiß, daß sie verhaßt dem Volke ist.

Alter:
So ist es. Verhaßt ist die ruchlose Frau. 645

Orest:
Wie kann ich sie und ihn auf einmal töten?

Elektra:
Ich werde den Tod der Mutter in die Wege leiten.

Orest:
Ein gutes Geschick, es wird auch das vollbringen.

Elektra:
Nun soll der Alte hier uns beiden helfen.

Alter:
So soll es sein! Doch wie denkst du dir den Muttermord? 650

Elektra:
Alter, geh zu Klytaimestra und melde ihr,
Ich sei Wöchnerin und hätte einen Sohn geboren.

Alter:
Schon vor einiger Zeit oder eben erst?

Elektra:
Vor zehn Tagen, in denen eine Wöchnerin sich rein zu halten hat.

Alter:
Doch wie trägt dies zum Tod der Mutter bei? 655

Elektra:
Sie wird kommen, wenn sie von der Entbindung hört.

Alter:
Wieso? Meinst du, Kind, sie kümmere sich um dich?

Elektra:
Ja, sie wird Tränen vergießen über die unwürdige Geburt meines Kindes.

Alter:
Vielleicht, doch führe deine Rede zum Anfang zurück.

Elektra:
Kommt sie, so ist es ihr sicherer Tod.   660

Alter:
Sehr wohl! Durch die Tür deines Hauses muß sie gehen.

Elektra:
So steigt sie leicht in des Hades Haus hinab.

Alter:
Wie gern stürbe ich, wenn ich das noch sehen könnte!

Elektra:
Zuerst aber weise diesem *(sie zeigt auf Orest)* den Weg, Alter!

Alter:
Dorthin, wo Aigisthos jetzt den Göttern opfert.   665

Elektra:
Dann gehe zur Mutter und melde, was ich dir gesagt habe.

Alter:
So, daß sie meint, es sei aus deinem Mund gesprochen.

Elektra:
(an Orest gerichtet)
Jetzt mußt du ans Werk! Dir fiel die erste Bluttat zu.

Orest:
Laßt uns gehen, wenn sich ein Führer findet für den Weg.

Alter:
Nun ja, ich werde dich geleiten – nicht ungern!   670

Orest:
(betet zusammen mit Elektra und dem Alten)
Zeus, väterlicher Gott, werde jetzt zum Siegesgott über meine Feinde!

Elektra:
Erbarm dich unser, denn Erbarmungswertes haben wir erlitten!

Alter:
Erbarm dich dieser hier, die aus deinem Sprosse sind.

Elektra:
Und Hera, die du über die Altäre Mykenes herrschst ...

Orest:
Gib uns den Sieg, wenn wir um Gerechtes beten.   675

Alter:
Gib diesen *(weist auf Orest und Pylades)*, Rächer zu sein für den Vater.

Orest:
Und du, der du unter der Erde ungeweiht wohnst, Vater ...

Elektra:
Und du Göttin Erde, auf die ich meine Hände lege ...

Alter:
Beschütze, beschütze diese geliebtesten Kinder.

Orest:
Komm jetzt und nimm jeden Toten zum Mitstreiter!   680

Elektra:
Die mit dir die Phryger überwunden haben mit der Lanze ...

Alter:
Und ihr, die ihr die schamlosen Mörder haßt ...

Elektra:
Hast du gehört, der du Schlimmes von meiner Mutter erlitten hast?

Alter:
Ich weiß, er hört das alles, dein Vater! *(zu Orest gewandt)* Es ist hohe Zeit,
 zur Tat zu schreiten.

Elektra:
Dazu rufe ich dir zu: Tod dem Aigisth!   685
Doch wenn du, niedergerungen im tödlichen Kampf, fällst,
Dann bin auch ich tot; man nenne mich dann nicht mehr lebend.
Dann durchstoße ich mir die Brust mit dem doppelschneidigen Schwert.
Ich gehe jetzt ins Haus und werde alles vorbereiten.
Wenn glückliche Kunde von dir kommt,   690
Wird das ganze Haus frohlocken. Doch wenn du stirbst,
Dann wird das Gegenteil davon sein. Das sag' ich dir!

Orest:
Alles weiß ich nun.

Elektra:
Zu dieser Tat erweise dich als Mann!

(Orest und Pylades ab)

Elektra:
Ihr aber, ihr Frauen, gebt mir Zeichen
Durch lauten Ruf von diesem Kampf. Ich werde Wache halten,   695
Das Schwert bereit in meiner Hand.
Niemals werde ich, sollte ich besiegt sein, es meinen Feinden überlassen
Meinen Leib im Frevel zu mißhandeln.

Zweites Stasimon

Chor:
Von der stillenden Mutter
Aus den Bergen von Argos hat einst –   700
So geht die Kunde in uralten Sagen –
Pan, auf wohlgeformtem Flötenrohr
Den süßtönenden Musengesang
Blasend, der Beschützer der Fluren,

Den schöngelockten Widder 705
Entführt. Da rief auf den steinernen
Stufen stehend jubelnd der Herold:
Zum Markt, zum Markt, ihr Mykener,
Kommt und seht der seligen Herrscher
Wunder und Zeichen. Und die Chöre preisen 710
Das Haus der Atriden.

Opferbecken wurden geöffnet, goldgetriebene,
Und es loderte das Feuer über der Stadt
Auf den Altären der Argeier.
Und die Lotosflöte, die Dienerin der Musen, 715
Spielte die schönsten Weisen.
Und liebliche Gesänge breiteten sich aus,
Preisend das Goldene Lamm
Des Thyest. Denn in heimlichem Lager
Betörte er die liebreizende Gattin 720
Des Atreus und brachte das Wunder
In sein Haus. Wieder zurückgekehrt
Zum Markt verkündet er,
Daß er das gehörnte Tier mit dem goldenen Fell
Bei sich im Hause habe. 725

Da, ja da wandte Zeus die leuchtenden
Bahnen der Sterne um
Und das Licht der Sonne
Und das schimmernde Antlitz
Der Morgenröte. Und die Flächen im Westen 730
Peinigt er mit heißem Feuerstrahl.
Feuchte Wolken ziehen nach Norden,
Die trockenen Sitze Ammons
Schmachten dahin; sie kennen nicht frischen Tau
Und sind der herrlichen Regengüsse, von Zeus gegeben, beraubt. 735

So geht die Sage. Doch ich kann
Kaum glauben,
Daß die heiße Sonne sich umgewendet
Und die goldene Bahn gewechselt habe
Um sterblicher Verfehlung, 740
Um Menschen zu bestrafen.

Schreckliche Sagen sind für die Menschen
Ein Gewinn, um die Götter zu ehren.
Daran hast du nicht gedacht, als du den Gatten
Getötet hast, den Miterzeuger der edlen Geschwister.

Drittes Epeisodion

Chorführerin:
Freundinnen, habt ihr das Geschrei gehört – oder war es bloße Einbildung,
Die mich überkam? Klang es nicht wie unterirdisches Donnern von Zeus?
Habt acht! Unverkennbar schwillt das Getöse an.
Herrin, komm aus dem Haus, Elektra!   750

Elektra:
Ihr Lieben, was gibt es? Wie steht der Kampf?

Chor:
Ich weiß nur Eines: Ich höre Mordgejammer.

Elektra:
Das hab' ich auch gehört, von ferne zwar, doch deutlich.

Chor:
Von weitem kommt das Geräusch heran, deutlich zu vernehmen.

Elektra:
Ist es das Stöhnen Aigisths? Oder von meinem Lieben?   755

Chor:
Ich weiß nicht, ganz durcheinander klingt das Gewirr der Stimmen.

Elektra:
Zum Tode rufst du mich! Was zögere ich? *(sie zieht das Schwert)*

Chor:
Halt ein, bis du erfährst, wie es um dich steht!

Elektra:
Nein, wir sind besiegt! Wo sind denn die Boten?

Chor:
Sie werden kommen! Einen König zu töten ist keine leichte Sache!   760

Bote:
Ihr sieggekrönten Jungfrauen aus Mykene!
Den Sieg Orests melde ich allen Freunden!
Agamemnons Mörder liegt am Boden,
Aigisthos. Doch nun schuldet ihr den Göttern Dank!

Elektra:
Wer bist du? Wie kann ich glauben, was du sagst?   765

Bote:
Erkennst du mich denn nicht, den Diener deines Bruders?

Elektra:
Liebster Freund! Vor Schrecken konnte ich dein Gesicht
Nicht gleich erkennen. Jetzt seh' ich dich.
Was sagst du? Tot ist der verhaßte Mörder meines Vaters?

Bote:
Er ist tot. Zweimal sag ich dir, was du hören willst.   770

Elektra:
Ihr Götter! Und du Dike, die du alles siehst, du bist gekommen endlich!
Auf welche Weise und in welchem Rausch des Mordens
Tötete er den Sohn Thyests? Ich will es erfahren.

Bote:
Wir lenkten den Fuß von diesem Hause weg
Und kamen zu dem zweispurigen Wagenweg,   775
Wo *(ironisch)* der berühmte Herrscher der Mykener war.
Er hielt sich auf in gut bewässerten Gärten
Und wand sich einen Kranz von zarter Myrte um das Haupt.
Als er uns sah, rief er: „Seid gegrüßt, Fremde! Wer seid ihr
Und woher kommt ihr? Aus welchem Lande seid ihr?"   780
Da sagte Orest: „Wir sind Thessaler. Wir ziehen zum Alpheios,

Um dem Olympischen Zeus zu opfern."
Als er das hörte, sagte Aigisthos:
„Nun müßt ihr bei uns Gäste sein
Beim Opfermahl. Ich bin dabei, ein Stieropfer   785
Den Nymphen zu bringen. Wenn ihr morgen früh vom Lager aufsteht,
Kommt dorthin. Doch jetzt laßt uns ins Haus gehen" –
Und als er das sprach, da faßt' er uns an der Hand
Und führte uns hinein. „Nicht ablehnen dürft ihr dies.
Ein Bad soll man sofort den Fremden richten;   790
Dann sollen sie an den Altar sich stellen, dem Wasserbecken nahe."
Da sagte Orest: „Eben haben wir uns schon gereinigt
In den reinen Fluten des Flusses.
Wenn aber die Fremden zusammen mit den Bürgern opfern dürfen,   795
Aigisthos, so sind wir bereit und lehnen es nicht ab, Herr."
Dieses Wort beachteten sie weiter nicht.
Da stellten die Diener die Lanzen, des Herrschers Schutz, beiseite,
Und alle legten Hand an zum Gelingen des Werkes.
Die einen brachten das Opfertier, andere trugen Opferkörbe,   800
Wieder andere zündeten Feuer an und stellten Kessel
Auf die Altäre. Es dröhnte das ganze Haus.
Da nahm der Bettgenosse deiner Mutter Opferschrot,
Streute es auf den Altar und sprach die Worte:
„Ihr Felsennymphen, laßt mich und meine Frau zu Hause,   805
Die Tochter Tyndars, noch oft das Stieropfer feiern,
Laßt es uns so gehn wie heute, meinen Feinden aber schlecht;" –
Damit meinte er Orest und dich. *Mein* Gebieter (Orest)
Erfleht gerad' das Gegenteil, ohne seine Worte laut herauszurufen,
Wieder zu erringen das väterliche Haus. Dann nahm aus dem Korb   810
Aigisth das Opfermesser mit gerader Schneide, schnitt das Haar des
 Kalbes ab
Und warf es mit der Rechten in das heilige Feuer.
Dann schlachtete er das Kalb von den Schultern so herab,
Wie die Diener es in ihren Händen hielten. Da sagte er zu deinem Bruder:
„Man rühmt den Thessalern nach, von allen Edlen   815
Vor allem dies zu können, einen Stier geschickt zu zerlegen
Und Rosse zu bändigen. Nimm das Messer, Fremder,
Und zeige, ob es wahr ist, was man von den Thessalern sagt."
Der aber riß das schön verzierte dorische Messer an sich,
Warf von den Schultern das prächtige Festgewand   820
Und bestimmt Pylades allein zum Helfer für die Arbeit,

Die Diener aber stößt er weg. Dann packte er den Fuß des Kalbes
Und legte frei das weiße Fleisch mit weit ausholender Hand.
Darauf häutet er es ab, schneller als ein Rennpferd
Die doppelte Bahn durchläuft, und löst die Flanken. Nun nimmt Aigisth   825
Die Eingeweide in die Hände und betrachtet sie.
An der Leber fehlt der Lappen,
Die Venen und Gefäße für die Galle sind zu eng
Und verheißen dem Betrachter ein schlimmes Geschick.
Er runzelt seine Stirn, doch mein Gebieter, er entgegnet: 830
„Warum bist du so mürrisch?" „Fremder, ich fürchte eine
List von außen. Es ist doch mein schlimmster Feind unter allen Menschen
Agamemnons Sohn. Und er ist ein Feind meines Hauses."
Der aber sprach: „Du fürchtest die List eines Flüchtlings,
Du, Herrscher dieser Stadt? Es reiche mir doch jemand, damit wir die
Eingeweide   835
Verspeisen, statt des Dorerdolches ein (thessalisches) Messer aus Phtia.
Zuerst will das Brustbein ich zerteilen."
Er nimmt es und schlägt zu. Die Eingeweide nimmt Aigisthos,
Zerteilt und prüft sie. Und als er sich nach unten beugt,
Stellt sich den Bruder auf die Zehenspitze,   840
Schlägt ihm in die Wirbelknochen und
Zerbricht zugleich das Rückgrat. Der ganze Körper
Zappelte nach oben und nach unten; er röchelte, ringend mit dem Tod.
Als das die Diener sahen, stürzten sie sofort zur Lanze,
Viele im Kampf gegen zwei. Doch tapfer   845
Standen Rücken an Rücken, Pfeilgeschosse sendend,
Pylades und Orest. Der sagte darauf: „Ich bin nicht als Feind
Dieser Stadt und dieser, meiner Diener gekommen,
Nur am Mörder des Vaters habe ich mich gerächt,
Ich, der geplagte Orest. Darum tötet mich nicht,   850
Ihr, des Vaters alte Diener." Diese, als sie seine Worte
Hörten, stellten ihre Lanzen weg; er aber wurde erkannt
Von einem uralten Mann, der im Hause lebt.
Darauf bekränzten sie sogleich das Haupt deines Bruders
Voll Freude und Jubel. Da kommt er, er kommt,   855
Um dir das Haupt zu zeigen – nicht der Gorgo,
Sondern des dir so verhaßten Aigisth. Blut gegen Blut
Kam als bitterer Zins über den Toten jetzt.

Chor:
Setze zum Reigen den Fuß, Freundin,
Wie ein Reh im himmlischen   860
Sprung leicht hüpft mit Anmut.
Es siegte in schönerer Bekränzung
Als die, die er an den Fluten des Alpheios errang,
Dein Bruder. Wohlan! Stimme an
Den herrlichen Siegesgesang zu meinem Tanz!   865

Elektra:
O Licht! Leuchtendes Viergespann des Helios,
Erde und Nacht, die zuvor ich sah,
Jetzt schlage ich mein Auge frei nach oben auf,
Da gefallen ist des Vaters Mörder, Aigisthos.
Auf! Was ich habe und was mein Haus bewahrt,   870
Das hole ich zum Schmuck für sein Lockenhaar heraus, ihr Lieben!
Bekränzen will ich das Haupt des siegreichen Bruders.

Chor:
So winde du denn den Schmuck
Um sein Haupt. Mir kommt es zu,
Den Reigen zu tanzen, der den Musen lieb ist.   875
Über das Land wird wieder herrschen einer der Unseren als König,
Mit vollem Recht, da er die im Unrecht Herrschenden vernichtet hat.
Nun aber soll der Siegesruf erschallen, mit Freude vermischt.

Elektra:
Herrlicher Sieger, Orest, Sohn des siegreichen   880
Vaters im Kampf um Troia,
Nimm an die Bekränzung um die Locken deines Haares.
Denn du kamst nicht nutzlos durch die Rennbahn laufend
Zum Kampf nach Hause, sondern tötetest den Feind
Aigisthos, der deinen Vater und mich ins Verderben stürzte.   885
Und auch du, des Ehrwürdigsten treue Stütze,
Pylades, empfange diesen Kranz aus meiner Hand.
Denn du hast mit ihm gleichen Anteil.

Orest:
(kommt mit dem Leichnam Aigisths)
Die Götter siehe nun zuerst, Elektra, für dieses   890

Glück als Urheber an, dann erst lobe mich
Als den, der für die Götter und dieses Glück der Helfer war.
Ich bin gekommen; nicht mit Worten, sondern mit der Tat; denn ich
  erschlug ihn,
Den Aigisthos. Und damit dies jeder deutlich sieht,
Bring' ich dir den Toten selbst hierher.   895
Wenn du willst, wirf ihn zum Raub den Tieren hin,
Oder als Beute den Vögeln, den Kindern des Äthers,
Oder binde ihn an einen Pfahl. Denn jetzt ist er dein
Sklave, der sich vorher Herrscher nannte.

Elektra:
Ich scheue mich, doch will ich sagen ...   900

Orest:
Was? Sprich! Du bist jetzt frei von Furcht.

Elektra:
Sich über Tote zu erheben, wird mir das nicht verübelt werden?

Orest:
Es gibt niemanden, der dich schelten wird.

Elektra:
Unzufrieden und tadelsüchtig ist unser Volk.

Orest:
Sag', was du willst, Schwester. Denn unversöhnlichen Haß   905
Haben wir diesem Mann geschworen.

Elektra:
(vor der Leiche Aigisths)
Also, welchen Anfang nehme ich für meine Rede voller Schmähungen
  gegen dich,
Was für ein Ende? Welches Wort setze ich in die Mitte?
Und doch, beim Morgengrauen habe ich nie versäumt,
Mir auszudenken, was ich dir sagen wollte, Auge in Auge,   910
Wäre ich frei von den Ängsten,
Die ich früher hatte. Jetzt bin ich es. Nun zahle ich dir heim,
Was ich Schlimmes sagen wollte, als du noch lebtest.

Du warst mein Verderben und raubtest mir und diesem da *(zeigt auf Orest)*
Den geliebten Vater, obwohl wir dir kein Leid getan. 915
Und schändlich hast du die Mutter geheiratet und den Mann getötet,
Der zu Felde zog für die Griechen, du, der du nicht mitgegangen bist
gegen die Phryger.
Dein Unverstand ging so weit, daß du wähntest,
Meine Mutter würde gegen dich sich immer treu verhalten
Als Gattin, nachdem du meines Vaters Bett entehrt hast. 920
Doch wisse: Wer die Frau eines anderen verführt,
In heimlichem Bett, und dann gezwungen ist, sie zu nehmen,
Der ist beklagenswert, wenn er meint, die Sittsamkeit,
Die sie dort nicht wahrt, werde sie bei ihm bewahren.
Elendig lebtest du, der du nicht merkst, wie schlecht dein Leben war. 925
Du wußtest doch, in welch ruchlose Ehe du gegangen bist
Und welch einen unseligen Mann die Mutter sich erobert hat.
So seid ihr beide schändlich und nehmt euer schlimmes Geschick auf euch,
Sie das deine und du das ihre.
Von allen Argivern konntest du es hören: 930
Er ist der Mann der Frau, nicht sie die Frau des Mannes.
Es ist doch schmachvoll, wenn im Hause
Die Frau regiert und nicht der Mann. Und ich hasse jene
Kinder, die man nach dem Vater
Nicht benennt, sondern nach dem Stamm der Mutter. 935
Denn steigt der Mann zur Ehe in fürstliches und viel zu großes Bett,
Wird seiner nicht, sondern sofort der Frau gedacht.
Was dich am meisten täuschte und was du nicht erkanntest:
Du wolltest immer eine sein, die reich an Schätzen ist.
Doch das zählt nichts, verweilt es doch nur kurze Zeit bei uns. 940
Denn nur die wahre Natur ist beständig, nicht der Reichtum.
Sie allein dauert ewig fort und nimmt hinweg das Schlechte.
Doch ungerechter Reichtum, der bei den Toren ist,
Fliegt hinweg vom Hause, nachdem er kurze Zeit geblüht.
Was die Frauen angeht – einer Jungfrau ziemt es nicht, 945
Davon zu reden –, so will ich schweigen. Doch erkennbar deute ich es an:
Du blähst dich auf, als hättest du das Königshaus in deiner Hand,
Mit deiner Schönheit ausgestattet. Jedoch mein Gatte soll nicht
Wie ein Mädchen aussehen, sondern nach männlicher Art.
Denn solcher Männer Söhne sind von Kampfesmut erfüllt, 950
Die Kinder, die nach außen glänzen, sind nur Schmuck im Reigentanz.
Nun fahr dahin! Als Tor wurdest du zuletzt erkannt

Und mußtest Buße zahlen. Möge doch ein Übeltäter,
Wenn er die erste Bahn gut durchlaufen hat,
Nicht wähnen, er habe mit Recht gesiegt, bevor er   955
An die Ziellinie gelangt und das Ende des Lebens umfahren hat.

Chor:
Getan hat er Schlimmes, Schlimmes hat er gebüßt für dich
Und diesen da. Groß ist die Macht des Rechts.

Elektra:
Nun gut, schafft seinen Leichnam jetzt ins Haus,
Und hüllt ihn ein in Dunkel, Diener, damit   960
Die Mutter, wenn sie kommt, bevor sie selber stirbt, den Toten nicht
erblickt.

Orest:
Hör' auf! Wir müssen unser Augenmerk auf etwas anderes richten.

Elektra:
Warum? Sehe ich etwa Helfer, die von Mykene zu uns kommen?

Orest:
Nein, doch die Mutter sehe ich, die mich geboren hat.

Elektra:
Dann geht sie mitten ins Netz hinein!   965
Noch glänzt sie stolz im Wagen und in ihrem Festgewand.

Orest:
Was also tun wir der Mutter an? Sollen wir sie töten?

Elektra:
Packt dich etwa Mitleid, da du die Mutter jetzt gesehen hast?

Orest:
Wie soll ich die töten, die mich aufzog und gebar?

Elektra:
So, wie sie deinen und meinen Vater erschlagen hat.   970

Orest:
Phoibos Apollon, viel Unverständiges hast du verkündet.

Elektra:
Wenn Apollon töricht ist, wer ist dann weise?

Orest:
Der mir verkündet hat, die Mutter gegen alles Recht zu töten.

Elektra:
Was kann es dir schaden, deinen Vater zu rächen?

Orest:
Als Muttermörder werde ich dann belangt, der ich vorher schuldlos war.   975

Elektra:
Doch rächst du nicht den Vater, stehst du als Frevler da.

Orest:
Ich soll die Mutter … – Und wem muß ich den Mord dann büßen?

Elektra:
Wem wirst du büßen, wenn du die Rache am Vater unterläßt?

Orest:
Sprach so ein Rachgeist, der dem Gotte glich?

Elektra:
Auf heiligem Dreifuß sitzend? Das glaube ich nicht.   980

Orest:
Auch ich hab' kein Vertrauen, daß dies ein rechter Seherspruch gewesen
  sei.

Elektra:
Versinke nicht verzagt in Feigheit.

Orest:
Soll ich die gleiche List auch ihr bereiten?

Elektra:
Ja, mit der du Aigisth, ihren Gatten, getötet hast.

Orest:
Ich gehe hinein. Ich beginne ein grausames Werk   985
Und werde Grausames tun; wenn es den Göttern gefällt,
Soll es so sein. Bitter und süß ist der Kampf für mich.

(Klytaimestra erscheint auf dem königlichen Wagen)

Chor:
Königin des argivischen Landes,
Tochter des Tyndareos,
Und zugleich Schwester der beiden edlen Söhne   990
Des Zeus, die am leuchtenden Äther unter den Sternen
Wohnen, unter den Menschen in den Fluten des Meeres
Als Retter geehrt,
Sei gegrüßt! Ich ehre dich gleich einer Seligen
Wegen des riesigen Reichtums und der Fülle des Glücks.   995
Dein Geschick zu verehren
Ist uns heute vergönnt. Sei gegrüßt, Königin!

Klytaimestra:
Troerinnen, reicht mir die Hand –
Damit ich aus dem Wagensitz aussteigen kann.
Mit phrygischen Beutestücken sind die Wohnungen der Götter
geschmückt,   1000
Ich aber habe diese erlesenen Frauen aus dem troischen Land
Anstelle des Kindes, das ich verloren,
Als kleine, doch edle Gabe für mein Haus in Besitz genommen.

Elektra:
Darf ich – wie eine Sklavin verstoßen
Aus dem väterlichen Haus bewohne ich diese arme Hütte –,   1005
Mutter, nicht deine erhabene Hand erfassen?

Klytaimestra:
Dafür sind die Dienerinnen hier, gib dir damit keine Mühe.

Elektra:
Wieso? Du hast mich wie eine Sklavin aus dem Haus gestoßen!

Als das Haus erbeutet war, wurde auch ich zur Beute,
Wie diese Frauen hier, ohne Vater verwaist gelassen.   1010

Klytaimestra:
Solche Pläne hat dein Vater gegen die Seinen ersonnen,
Was er nie gedurft hätte.
So rede ich – doch wenn schlechter Ruf
Eine Frau gepackt hat, dann liegt Bitternis auf der Zunge.
Nach meinem Urteil war das nicht in Ordnung. Doch die Sache selbst   1015
Hört an. Und wenn du etwas Hassenswertes findest,
Dann hast du Recht zu hassen, wenn aber nicht, was soll der Haß?
Mich gab Tyndareos deinem Vater,
Nicht daß ich stürbe oder eines meiner Kinder.
Er aber hat meine Tochter unter dem Vorwand der Ehe mit Achill   1020
Aus dem Hause gelockt und sie geführt
Zu dem Hafen von Aulis, wo er sie über das Opferfeuer hielt
Und Iphigeniens weiße Brust durchstieß.
Und wenn er, um die Einnahme der Stadt zu verhüten
Oder das Haus zu bewahren und andere Kinder zu retten,   1025
Die Eine für Viele getötet hätte, so wäre dies noch verzeihlich.
Nun hat er aber, weil Helena so gierig war und ihr Gatte
Diese Verräterin nicht zu zügeln vermochte,
Eben deshalb meine Tochter getötet.
Darüber nun, obgleich schwer gekränkt,   1030
Hätte ich ihm nicht gegrollt und ihn nicht getötet, meinen Mann,
Doch als er kam, brachte er mir ein wahnsinniges, gottbegeistertes
 Mädchen mit,
Ging mit ihr ins Bett, und so waren es zwei Frauen,
Die er im gleichen Hause hielt zugleich.
Gewiß, töricht sind die Frauen – ich kann es nicht anders sagen.   1035
Aber wenn bei einer solchen Lage der Mann sich schuldig macht,
Fort stoßend das heimische Bett, dann will
Die Frau es dem Manne gleich tun und einen anderen Freund für sich
 gewinnen.
Und dann heftet sich an uns der Tadel,
Doch die, die daran schuldig sind, die Männer, hören keine schlechte
Rede.   1040
Wenn Menelaos heimlich entführt worden wäre,
Hätte ich dann das Recht, Orest zu töten, um meiner Schwester Gatten,
Menelaos, zu retten? Wie hätte dein Vater

Wohl das ertragen? Muß er nicht sterben,
Da er mein Kind getötet hat? Und muß ich von ihm Leid erfahren? 1045
Ja, ich habe ihn getötet. Ich schlug den Weg ein, den ich gehen mußte,
Zu seinen Feinden. Denn wer von den Freunden
Deines Vaters hätte den Mord gemeinsam mit mir verübt?
Sprich, wenn du willst, und rede ganz frei,
Ob dein Vater zu Unrecht ermordet ist. 1050

Chor:
Recht hast du gesprochen, doch ist es ein schändliches Recht.
Eine Frau muß doch in allem verzeihen dem Mann,
Wenn sie klug ist. Ist ihr das nicht klar,
So zählt sie nichts in meinen Worten.

Elektra:
Denke daran, Mutter, was du zuletzt gesagt hast. 1055
Du hast mir freie Rede gegen dich gewährt.

Klytaimestra:
Auch jetzt sage ich es und verweigere es nicht, Kind.

Elektra:
Und wenn du mich angehört hast, wirst du mir dann Böses tun?

Klytaimestra:
Nein, nein, nur was dir angenehm ist, werde ich erwidern.

Elektra:
So rede ich denn. Das ist der Anfang meines ‚Vorspiels': 1060
Hättest du doch, Mutter, ein besseres Herz!
Gewiß: Die Schönheit verdient Lob und Preis
An Helena und an dir. Doch wart ihr zwei Geschwister
Beide töricht und nicht Kastors wert.
Die eine ließ sich rauben und ging freiwillig ins Unglück, 1065
Du aber hast Hellas' besten Mann vernichtet
Und hast als Vorwand angeführt, du hättest wegen des Kindes den Gatten
Getötet. Doch nicht jeder kennt dich so gut wie ich,
Dich, die du, noch bevor das Opfer der Tochter beschlossen war,
Als eben der Mann aus dem Haus zog, 1070
Im Spiegel schon die blonden Locken schmücktest.

Aber die Frau, die, ist der Gatte fern vom Haus,
Sich schön macht und herausputzt, wird durchschaut als böses Weib.
Denn draußen braucht sie wirklich nicht ein glänzendes
Gesicht zu zeigen, wenn sie nicht auf Böses sinnt.   1075
Du allein von allen Frauen aus ganz Hellas – das weiß ich wohl –
Warst, wenn es gut stand bei den Troern, voller Freude,
Doch ging es schlechter dort, umwölkte sich dein Blick,
Weil du gar nicht wolltest, daß Agamemnon aus Troia wiederkäme.
Dabei hätte dir freigestanden, dich sittsam zu verhalten.   1080
Du hattest einen Mann, nicht schlechter als Aigisth, zum Gatten,
Den Hellas als Feldherrn sich auserwählt.
Und als die Schwester Helena sich so verging,
Da hättest du großen Ruhm erringen können. Denn schlechte
Beispiele machen alles Edle erst richtig sichtbar.   1085
Wenn nun, wie du sagst, der Vater seine Tochter getötet hat,
Wieso haben ich und mein Bruder dir Unrecht getan?
Warum hast du, als du deinen Gatten getötet hattest, das väterliche Haus
Nicht uns vermacht, sondern hast übertragen einem Bett Besitz,
Der dir nicht gehört, mit Geld die Hochzeit erkaufend?   1090
Und nicht ist dein neuer Mann verbannt wie dein Sohn,
Noch starb er wie ich, da er mich doppelt so oft wie die Schwester
Getötet hat bei lebendigem Leibe.
Wenn Mord mit Mord vergolten werden soll, dann müssen wir, ich
Und dein Sohn Orest, dich töten, den Vater rächend.   1095
Denn war gerecht das eine, dann sind wir mit dem anderen auch im
Recht.
Wer aber nur im Blick auf Reichtum oder edle Geburt
Eine schlechte Frau heiratet, der ist ein Tor. Denn niedrige Ehe
Ist im Hause besser als eine großartige, wenn sie nur besonnen ist.

Chor:
Ein Zufall ist es bei den Frauen mit der Ehe. Denn ich sehe doch,
Wie es bald gut, bald unschön ausfällt bei den Menschen.

Klytaimestra:
Mein Kind, deine Art ist es, den Vater stets zu lieben.
So ist es nun: Die einen sind auf den Vater aus,
Die anderen lieben die Mutter mehr als den Vater.
Ich will dir verzeihen, bin ich doch selbst gar nicht   1105
Froh über das, was ich getan hab'.

Doch warum bist du nicht gebadet und so schlecht gekleidet?
Du hast doch eben erst von der Geburt das Bett verlassen!
O weh! Ich beklage meine eigenen Pläne!
Mehr als nötig habe ich Aigisth, den Gatten, in den Zorn getrieben!   1110

Elektra:
Zu spät stöhnst du, da du keinen Ausweg mehr weißt.
Der Vater ist gestorben; warum schaffst du nicht
Deinen Sohn hierher, der in der Fremde umherirrt?

Klytaimestra:
Ich habe Angst. Meines, nicht dein Schicksal habe ich im Blick.
Man sagt, über den Mord am Vater sei er wütend.   1115

Elektra:
Doch warum hetzt du deinen Gatten so wild gegen mich auf?

Klytaimestra:
So ist nun mal unsere Art. Auch du bist so aufbrausend stets.

Elektra:
Weil ich leide. Doch will ich meine Wut bezähmen.

Klytaimestra:
Dann wird gewiß auch er dir nicht mehr gram sein.

Elektra:
Der denkt groß von sich! Er wohnt in meinem Hause!   1120

Klytaimestra:
Siehst du, schon wieder entfachst du neuen Streit!

Elektra:
Ich schweige schon. Ich fürchte ihn, ja ich fürchte ihn.

Klytaimestra:
Laß diese Reden! Doch wozu hast du mich gerufen, Kind?

Elektra:
Du hast gehört, glaube ich, von meiner Niederkunft.

Darum opfere für mich – ich versteh' das nicht –   1125
Am zehnten Tag nach der Geburt, wie es der Brauch ist.
Denn ich bin unerfahren, da ich vorher nie gebar.

Klytaimestra:
Das ist doch Sache der anderen, die bei der Entbindung half.

Elektra:
Ich habe allein entbunden und das Kind allein zur Welt gebracht.

Klytaimestra:
Liegt das Haus so weit entfernt von freundlichen Nachbarn?   1130

Elektra:
Arme Freunde will niemand haben.

Klytaimestra:
So gehe ich hinein! Da die Zahl der Tage für das Kind vollendet ist,
Werde ich den Göttern opfern. Habe ich dir diese Gunst erwiesen,
Werde ich aufs Land gehen, wo mein Mann ein Opfer richtet
Für die Nymphen. Und nun führt dieses Gespann, ihr Diener,   1135
Hier zur Krippe hin und gebt Futter. Wenn ihr
Schätzt, daß dieses Opfer für die Götter ausgerichtet ist,
Dann seid zur Stelle. Denn auch meinem Mann muß ich gefällig sein.

Elektra:
Tritt ein in unsere Hütte! Paß' aber auf,
Daß die rußige Wand dir nicht die Kleidung schwärzt!   1140
Denn du wirst den Göttern so opfern, wie du opfern mußt!

(Klytaimestra geht in die Hütte)

Elektra:
Der Korb steht bereit für den Beginn des Opfers und ein scharfes Messer,
Das schon den Stier geschlachtet hat, an dessen Seite du fallen wirst,
Als Opfer getroffen! Dann magst du im Hades Hochzeit feiern mit dem,
Dem du dich verbunden hast im Lichte hier. Diese Gunst werde ich   1145
Dir erweisen, du aber wirst mir büßen für den Vater.

Drittes Stasimon

Chor:
Buße für schlimme Taten! Andere Winde
Wehen im Hause! Damals fiel im Bad
Mein, mein Herrscher.
Und es erdröhnten die Wände und die steinernen Zinnen des Palastes,   1150
Als er rief: „Schändliche! Warum willst du mich töten, Frau,
Der ich in das Vaterland nach zehn Aussaaten heimgekehrt bin?"
Doch rückflutend zwingt das Recht sie vor Gericht,   1155
Die ob des perversen Bettes Elende, die den Gatten,
Der spät nach Hause gelangte
Zu den kyklopischen, in den Himmel ragenden Mauern,
Mit der scharf geschliffenen Waffe
Tötete mit eigener Hand, das Beil mit beiden Händen ergreifend.   1160
Unseliger Gatte! Was für eine Verblendung hat die Ruchlose gepackt?
Wie eine Berglöwin den fruchtbaren
Eichenwald durchtobt, so hat sie das vollbracht.

Viertes Epeisodion

Klytaimestra:
(von innen)
Ihr Kinder, bei den Göttern, tötet nicht die Mutter!   1165

Chor:
Hörst du drinnen den Schrei?

Klytaimestra:
Io, io, weh mir!

Chor:
Auch ich beklage sie, die durch der Kinder Hände getötet wird.
Doch das Recht übt ein Gott, wenn die Zeit kommt.
Schreckliches hast du gelitten, Ruchloses hast du getan,   1170
Elende, an deinem Gemahl.

Chorführerin:
Siehe, da kommen sie beide, von dem frisch vergossenen Blut
Der Mutter bespritzt, aus dem Haus heraus,
Als Siegeszeichen über furchtbare Schreie.
Und es ist kein Haus unglücklicher   1175
Und keines war es jemals als das der Tantaliden.

*(Orest, Pylades und Elektra treten aus dem Haus; in der geöffneten Tür
sieht man die Leichen Klytaimestras und Aigisths)*

Orest:
Io! Göttin Erde und Zeus, der du alles siehst,
Bei den Sterblichen! Schaut auf diese abscheulichen
Bluttaten, auf die beiden Leichen, die hier
Am Boden liegen,   1180
Von meiner Hand erschlagen, Vergeltung
Für Leid, das sie mir zugefügt haben.

Elektra:
Beweinenswert ist das so sehr, mein Bruder, doch schuldig bin ich.
Wie eine Feuersbrunst kam ich Elende über die Mutter,
Die mich geboren hat, mich junge Frau.

Chor:
Io, welches Geschick, dein Geschick!   1185
Mutter, die du geboren hast Fluchbeladene,
Die selbst fluchbeladen und elend ist und noch mehr
Gelitten hat durch die eigenen Kinder.
Doch den Mord am Vater hast du gebüßt zu Recht.

Orest:
Io, Phoibos, du hast hoch gepriesen das Rechte,   1190
Unsichtbar für mich; sichtbar aber hast du
Kummer bewirkt. Du hast mir Mordtaten auferlegt,
Die mich aus dem hellenischen Land treiben.
In welche andere Stadt kann ich gehen?
Welcher Gastfreund, welch frommer Mann   1195
Wird mich noch anschauen,
Da ich die Mutter getötet.

Elektra:
Io, io! Wohin denn ich? Zu welchem Tanz,
Zu welcher Hochzeit kann ich gehen? Welcher Mann wird mich nehmen
Ins Hochzeitsbett?   1200

Chor:
Wieder und wieder hat sich dein Sinn
Gewandelt nach dem Wind.
Denn jetzt denkst du fromm, die du zuvor nicht
Fromm dachtest. Furchtbares hast du getan,
Freundin, was dein Bruder nicht wollte.   1205

Orest:
Hast du gesehen, wie die Arme das Kleid
Aufriß und mir die Brust wies im Morden,
Weh mir! Wie sie am Boden liegend
Mir ihren Schoß zeigte, wie ich ihr Haar …

Chor:
Ich weiß es wohl. Durch Schmerzen bist du gegangen,   1210
Als du den Klageschrei hörtest
Der Mutter, die dich gebar.

Orest:
Ja, diesen Schrei hat sie ausgestoßen, als sie an mein Kinn
Ihre Hand legte: „Mein Kind, ich flehe dich an",   1215
Und sie hing an meinen Wangen, so daß meinen Händen entglitt das
 Schwert.

Chor:
Die Arme! Wie vermochtest du den Mord
Mit eigenen Augen anzusehen,
Wie die Mutter ihr Leben aushauchte?   1220

Orest:
Ich warf mir mein Gewand über beide Augen
Und schritt mit dem Schwert zur Tat
Und stieß es in den Leib der Mutter.

Elektra:
Ich aber feuerte dich an
Und faßte selbst das Schwert mit an.   1225

Chor:
In furchtbarstem Leid hast du gehandelt.

Orest:
Nimm und verdecke den Leib der Mutter mit diesen Gewändern
Und decke ihre Wunden zu.
(an die Leiche gewandt)
Du hast dir Mörder geboren!

Elektra:
Siehe, der Lieben und doch nicht Lieben
Legen wir das Totenkleid jetzt an.   1230

Chor:
Das ist das Ende des schweren Unheils für dieses Haus.
Doch hier, über dem Giebel des Hauses
Erscheinen sie – Dämonen oder   1235
Himmlische Götter? Denn das ist nicht der Pfad,
Den Sterbliche gehen. Was treten sie
Sichtbar den Menschen vor die Augen?

Schlußszene und Exodos

(Die Dioskuren erscheinen auf dem Dach)

Kastor:
Agamemnons Sohn, höre! Die Zwillingsbrüder
Deiner Mutter rufen dich, die Dioskuren,
Ich, Kastor, und mein Bruder Polydeukes.   1240
Einen für die Schiffe schlimmen Seesturm haben wir eben
Beendet und sind jetzt nach Argos gekommen, damit wir erfahren
Vom Mord an unserer Schwester, deiner Mutter.
Sie hat ihre gerechte Strafe, du aber tatest es nicht.
Es war Phoibos, Phoibos! – Doch er ist mein Herr,   1245
Ich schweige. Weise ist er, doch er kündete dir keinen weisen Spruch.
Aber wir müssen es billigen. Von jetzt an mußt du
Tun, was Moira, die Schicksalsgöttin, und Zeus über dich verhängt haben.
Gib Pylades Elektra als Gattin in sein Haus,

Du aber verlasse Argos. Denn es kommt dir nicht zu, diese Stadt   1250
Zu betreten, als Mörder deiner Mutter.
Furchtbare Furien, die hundsäugigen Göttinnen
Treiben dich in Wahnsinn ruhelos umher.
Ziehe nach Athen, und Pallas Athenes heiliges Bild
Sollst du umfassen. Sie schützt dich vor den aufgescheuchten Furien   1255
Mit den furchtbaren Schlangen, so daß sie dich nicht berühren können,
Indem sie ihr Gorgonenschild über dein Haupt schützend hält.
Da ist auch der Ares-Hügel, an dem zuerst die Götter
Saßen zur Abstimmung über Blutschuld,
Als der rohsinnende Ares Halirrhotios getötet hatte,   1260
Im Zorn, weil seiner Tochter Ehe gebrochen wurde
Durch ihn, den Sohn des Meeresbeherrschers. Seitdem ist heiligste
Und sichere Rechtsprechung bei den Göttern.
Dorthin mußt auch du dich begeben, des Mordes wegen.
Gleiche Stimmzahlen werden dich retten vor dem Todesurteil.   1265
Denn Loxias Apollon wird die Schuld
Auf sich nehmen, weil er den Muttermord geweissagt hat.
Und künftighin soll dieses Gesetz bestehen:
Mit gleicher Stimmzahl ist der Angeklagte frei.
Die furchtbaren Rachegöttinnen, darüber in Groll verstrickt,   1270
Werden bei dem Felsen selbst in einen Erdspalt versinken,
An heiliger, für die Menschen ehrwürdiger Stätte.
Du aber sollst die Stadt der Arkader am Fluß Alpheios
Bewohnen, nahe dem heiligen Hain des Apollon Lykaios.
Nach deinem Namen soll die Stadt dann heißen.   1275
Dies trage ich dir auf. Den Leichnam Aigisths aber
Sollen Bürger von Argos in die Erde vergraben.
Deine Mutter sollen Menelaos, der eben in Nauplia gelandet ist,
Nachdem er das troische Land zerstört hat,
Und Helena bestatten. Denn sie kommt vom Palast des Proteus   1280
Aus Ägypten. Nach Troia zog sie nie.
Zeus nämlich hat, damit Streit und Mord entstehe,
Ein Trugbild Helenas gesandt nach Troia.
Pylades indes soll sie *(zeigt auf Elektra)*, die zugleich Mädchen und
Gattin ist, zur Frau erhalten,
Und er soll sie aus dem achaischen Land nach Hause führen.   1285
Und ihn, der nur dem Worte nach dein Schwager ist, sollen sie
mitnehmen
Ins Land der Phoker und ihm des Reichtums Fülle geben.

Du aber gehe zuerst zur Isthmischen Landenge
Und dann weiter zu Kekrops segensreicher Burg.
Dann hast du dein Schicksal erfüllt und den Mord gesühnt.   1290
Glücklich wirst du leben, frei von diesen Qualen.

Chor:
Söhne des Zeus, ist es erlaubt, daß wir uns
Euren Worten nähern?

Kastor:
Es ist erlaubt, denn du bist von diesen Morden nicht befleckt.

Elektra:
Kann auch ich teilhaben an eurem Wort, Tyndariden?   1295

Kastor:
Ja, auch du. Dem Phoibos Apoll werde ich diese Mordtat zuschreiben.

Chor:
Da ihr Götter seid und Brüder dieser
Frau, die jetzt dahingegangen ist,
Warum wehrtet ihr nicht ab vom Königshaus die Todesgeister?   1300

Kastor:
Das Schicksal und die Macht des Verhängnisses haben dazu geführt
Und die unweisen Sprüche aus des Phoibos Mund.

Elektra:
Doch welcher Apoll, welche Sehersprüche
Trugen mir auf, zur Mörderin der Mutter zu werden?

Kastor:
Gemeinsame Taten, gemeinsames Schicksal,   1305
Doch *eine* Verblendung der Väter
Hat euch beide zerrieben.

Orest:
Meine Schwester! Nach langer Zeit habe ich dich wiedergesehen
Und schon verliere ich deine liebende Nähe –
Ich muß von dir scheiden und dich zurücklassen.   1310

Kastor:
Sie hat einen Mann und ein Haus, nicht
Leidet sie Bejammernswertes, außer daß sie verlassen muß
Die Stadt der Argeier.

Elektra:
Welches Jammern ist größer als dies,
Des Vaterlandes Grenze zu verlassen. 1315

Orest:
Auch ich muß aus dem väterlichen Hause fort
Und vor fremdem Gericht den Muttermord sühnen.

Kastor:
Sei guten Mutes! Du wirst in die
Heilige Stadt der Pallas Athene kommen. Ertrage es! 1320

Elektra:
Drücke dir deine Brust eng an die meine,
Liebster Bruder!
Es reißen uns fort vom väterlichen
Haus die Mordflüche der Mutter.

Orest:
Komm, schmiege deinen Körper an mich und beginne wie für
einen Toten 1325
Am Grab den Trauergesang.

Kastor:
Weh, weh! Furchtbar klagst du, furchtbar auch für Götter zu hören.
Denn auch bei mir und den Himmlischen
Gibt es Mitleid für vielgeplagte Menschen. 1330

Orest:
Ich werde dich nicht wiedersehen!

Elektra:
Auch ich werde dir nicht mehr ins Auge sehen!

Orest:
Zum letzten Mal spreche ich mit dir.

Elektra:
Leb' wohl, du Vaterstadt.
Lebt immer wohl auch ihr, ihr Bürgerinnen.   1335

Orest:
Du Treueste, gehst du schon?

Elektra:
Ich gehe, das zarte Auge feucht von Tränen.

Orest:
Pylades, zieh' hin mit gutem Mut und nimm Elektra dir zur Frau.   1340

Kastor:
Sie werden Hochzeit feiern. Aber du gehe, um den hündischen
Erinyen zu entfliehen nach Athen.
Denn den schrecklichen Schritt heften sie an dich,
Die schlangenarmigen, dunkelhäutigen Wesen.   1345
Furchtbare Schmerzen genießen sie.

(Orest geht taumelnd von der Bühne)

Wir beide eilen zurück zum sizilischen Meer,
Um zu retten die Kiele der Schiffe im Meer.
Durch des Äthers Bahn ziehen wir
Und helfen den Frevlern nicht.   1350
Wem aber das Fromme und Gerechte
Lieb ist im Leben, den erlösen wir
Aus schweren Qualen und retten ihn.
So möge keiner das Unrecht wählen,
Und kein Meineidiger soll mit uns fahren zur See.

Chor:
Freut euch! Wer sich freuen kann
Und wer unter den Sterblichen sich nicht mit Unglück
Müht, der sei glücklich gepriesen.

Anhang

Anmerkungen

Die Anmerkungen sind kein erschöpfender Kommentar, sondern enthalten Hinweise, die für das unmittelbare Verständnis notwendig sind. Auf textkritische und metrische Fragen, die für den Leser der Übersetzung kaum nachvollziehbar sind, wird im allgemeinen nicht eingegangen. An einer Reihe von Stellen (367–400; 446–449; 546; 651; 685–689; 711–712; 1152–1155; 1182–1183) weist der Text Lücken und Unsicherheiten in der Zuweisung zu den Personen auf, die zu unterschiedlichen Lösungen durch die Editoren geführt haben.

Zu den einzelnen Abschnitten vergleiche man auch jeweils den Überblick über das Drama S. 73-82.

Die griechische Tragödie ist durch eine Abfolge von Chorliedern (in lyrischen Versmaßen) und Sprechpartien (meist in jambischen Trimetern als Sprechvers) gegliedert. Auf den Prolog folgt das Einzugslied des Chores (Parodos), dann der erste Auftritt (Epeisodion), das erste Standlied des Chores (Stasimon) usw.

1 „Inachos": Der Hauptfluß in der Ebene von Argos (jetzt: Panitsa). In seinem Oberlauf bildet er die Grenze zu Arkadien. Der mythische Flußgott Inachos galt als Gründungsheros der Argiver. Bei Aischylos, *Choephoren* 7, weiht Orest die erste Locke, die er sich abschneidet und am Grab seines Vaters niederlegt, dem Inachos.

2 „Tausend": Eine ungefähre Angabe des Gesamtkontingents, nach Homer sind es 1186 Schiffe (= Summe der im Schiffskatalog, *Ilias* 2, 484–760, genannten Schiffe). Das Kontingent Agamemnons betrug 100 Schiffe. Von Argos (bzw. vom Hafen Nauplia) sind also nur 100 Schiffe abgefahren, zunächst nach Aulis, wo sich alle Kontingente sammelten, um dann geschlossen als Flotte auszulaufen.

5 „Dardanos": Die Einwohner Troias werden „Dardaner" genannt. Dardanos war Sohn des Zeus und Großvater des Ilos, daher Ilion = Troia.

11 „Tantalos": Sohn des Zeus. Er galt als Ahnherr der Atridendynastie. Die Abfolge der Generationen war: Tantalos – Pelops – Atreus – Menelaos und Agamemnon.

112 „Mach schneller – Stunde": Die Worte sind in neueren Kommentaren und Übersetzungen als Selbstanrede der Elektra gedeutet, als: „Beeil dich, es ist schon Zeit...". Aber es gibt keinen Grund, warum sich Elektra beeilen soll. Sie ist schon da, hat bereits Wasser geholt und kann mit dem Krug auf dem Kopf ohnehin nicht schneller gehen. Sie redet vielmehr poetisch die „Stunde" an als Ausdruck des Drängens, es möge endlich Tag werden, damit sie öffentlich laut klagen kann (so U. von Wilamowitz-Moellendorff, Griechische Verskunst, Berlin 1921, 558). Für „da ich klagen muß" steht dann der Dativ *(κατακλαιούσᾳ)*.

154–160 Andeutungen auf Einzelheiten der Ermordung Agamemnons (vgl. Aischylos, *Agamemnon* 1372 ff.). Agamemnon ist im Bad getötet worden. Klytaimestra warf ein Netz über ihn. Die Erwähnung von zwei Mordwaffen ist wohl so zu verstehen, daß Klytaimestra mit dem Beil zuschlägt (vg. 1160), während Aigisth sie mit dem Schwert unterstützt.

170 „ein Mann, den Milch nährt": Wer sich von Milch (und Käse) ernährte, aber keinen Wein trank, galt als außerhalb gesetzlicher Ordnung lebend, wie z.B. die Zyklopen (Euripides, *Kyklops* 122), Massageten (Herodot 1, 216) oder die skythischen Nomaden (Herodot 4, 186). Entsprechend handelt es sich hier um einen im Bergland allein lebenden Mann. Warum er meldet, daß die Argeier jetzt ein Fest ausrufen, bleibt unklar.

171 „auf den dritten Tag": Meint nach der antiken Inklusivrechnung „für übermorgen". Umstritten ist, ob es sich bei den Heraia um ein dreitägiges Fest handelt und die Ankündigung des Mykeners dann nur die „Abschlußzeremonie" mit der Opferhandlung betrifft (so M. Hose 1990, 75), oder um ein eintägiges Fest, das jetzt „für übermorgen" angekündigt wird. Dann würde der Chor bei Elektra nur einen vorbereitenden Besuch machen, allerdings offenbar bereits in Festkleidern. Dafür spräche die Umständlichkeit der Information. Die Mädchen erfahren von dem im Gebirge lebenden Mann, daß die Argeier ein Fest (θυσία, wörtl.: „Opfer" zur Bezeichnung eines mit einem sakralen Opfer verbundenen Festes ist ganz geläufig, vgl. z.B. Platon, *Phaidon* 61 B; *Symposion* 174 C; *Timaios* 26 E; Aristoteles, *Nikomachische Ethik* 1160 a 20) ausrufen (wohl durch Herolde) und daß die Jungfrauen aus Argos sich jetzt darauf vorbereiten. Die Umständlichkeit der Information unterstreicht die Einsamkeit auf dem Lande; man weiß nicht viel über die Vorgänge in Argos (298 f.). Der Chor besteht demnach aus den in der ländlichen Nachbarschaft lebenden Mädchen, die wohl an dem Fest mit Tänzen teilnehmen, aber nicht aus der Gesamtheit der argeiischen Jungfrauen, die von dem Herafest nicht erst informiert zu werden brauchen.

177 „Chöre aufstellen": So ganz wörtlich. Normalerweise müßte Elektra als Königstochter die Chöre aufstellen und den Reigen anführen. Ihre Schwester Iphigenie beklagt in der Fremde, daß sie am Herafest nicht teilnehmen und nicht mitsingen und -tanzen kann (Euripides, *Taurische Iphigenie* 220).

214 „Helena": Helena hatte sich von Paris nach Troia entführen lasen und hat so – wie Klytaimestra – Ehebruch begangen. Daß sie gar nicht in Troia gewesen sei, ist eine Korrektur des Kastor (1283) an dieser Äußerung des Chores.

434 „Delphin": Der Delphin war bekannt dafür, durch Musik angelockt werden zu können. Der Sänger, Kitharaspieler und Schöpfer eines Dithyrambos Arion verdankt auf diese Weise einem Delphin sein Leben (Herodot 1, 23–24).

434 „Nereiden": Die fünfzig Töchter des Meergreises Nereus und der Okeanide Doris waren Meergottheiten, unter denen Thetis, die Mutter Achills, die bekannteste ist.

441 „Simoeis": Der Landeplatz der griechischen Flotte an der Mündung des Flusses Simoeis, 4 km nördlich von Troia.

442–450 Der Gedanke ist der, daß die Nereiden die goldene Rüstung Hephaists von der Insel Euböa, auf der Hephaist eine Kult- und Werkstätte hatte, zu Achill auf der gegenüberliegenden Landschaft Magnesia mit dem Peliongebirge und dem Berg Ossa bringen, der als Heimat der Kentauren galt. Mit dem „Vater und rossekundigen" ist hier nicht der Vater Peleus, sondern der Kentaur Cheiron gemeint, der Achill erzogen hat.

497 „Schatz des Dionysos" meint den Wein.

678 „meine Hände lege", wörtlich „der ich meine Hände gebe": Gemeint ist das Schlagen der Erde mit den Händen, das die Rachegeister des Toten wecken soll (Homer, *Ilias* 9, 568; Euripides, *Troerinnen* 1302–9).

1143 „ein scharfes Messer, das schon den Stier geschlachtet hat": Mit diesem Messer hat Orest sowohl den Stier bei der Opferhandlung als auch Aigisth getötet (820–843). Mit „Stier" ist also auch Aigisth gemeint. Man erwartet, daß mit diesem Messer auch Klytaimestra getötet wird, was jedoch nicht eintritt.

1190 „hoch gepriesen" ($\dot{\alpha}\nu\dot{\upsilon}\mu\nu\eta\sigma\alpha\varsigma$), wörtlich „im hymnischen Lied verkündet": Anspielung darauf, daß die Orakelsprüche Apolls in hexametrischen Versen gegeben werden.

1238 Von den beiden Zwillingsbrüdern war zunächst nur Kastor unter die Götter versetzt. Seine Bitte, daß auch Polydeukes diese Ehre zuteil werde, haben die Götter nur eingeschränkt in der Weise erfüllt, daß beide abwechselnd je einen Tag unter den Göttern und einen Tag im Hades weilen (*Odyssee* 11, 300–304). Diese Differenzierung wird hier aber nicht thematisiert. Polydeukes bleibt stumm.

1260 „Halirrhotios": Ares hatte Halirrhotios, einen Sohn Poseidons, getötet, weil dieser die Tochter des Ares, Alkippe, entführt hatte. Poseidon verklagte Ares; die zwölf olympischen Götter traten als Richterkollegium auf und sprachen Ares frei. Ob Stimmengleichheit vorlag, wie im Falle Orests, ist unklar. Dies scheint die frühere Fassung des Mythos zu sein, weil sie den Namen Areopag („Fels des Ares") erklärt. In den *Eumeniden* des Aischylos wird der Areopag erst anläßlich der Entsühnung Orests durch Athena gegründet, während er in der älteren Mythenfassung von Zeus eingesetzt ist (Euripides, *Taurische Iphigenie* 943–946, hier aus dem Munde Orests).

1273 „Stadt der Arkader": Die Stadt wurde Oresteion (auch Orestasias) genannt, 5 km von dem späteren Megalopolis entfernt, in der Nähe der Quelle des Alpheios.

1281 „Nach Troia zog sie nie": In der alten epischen Tradition ist Helena mit Paris nach Troia gezogen, wurde aber auf der Rückfahrt mit Menelaos wegen eines unterlassenen Opfers einige Zeit auf der Ägypten vorgelagerten Insel Pharos (dem Sitz des Meergottes Proteus) festgehalten (*Odyssee* 4, 351 ff.). Daß nur ein Trugbild Helenas in Troia war, sie selbst aber von Hermes (?) nach Ägypten entführt wurde, ist die Version, die zuerst bei dem Chorlyriker Stesichoros begegnet (vg. S. 70f.). Eine andere Version findet sich bei Herodot (2, 113–115). Danach wurde Helena mit Paris auf dem Wege nach Troia durch widrige Winde nach Ägypten verschlagen. Dort ist Paris von Proteus zur Weiterfahrt gezwungen worden, während Helena in Ägypten blieb, bis Menelaos sie auf der Rückkehr von Troia auffand und mit nach Hause nahm. Die *Helena* des Euripides (aufgeführt 412 v. Chr.) nimmt die ägyptische Version auf; Schauplatz des Dramas ist die Insel Pharos. Am Schluß treten, wie in der *Elektra*, die Dioskuren auf.

1289 „Kekrops segensreiche Burg": Kekrops war der mythische Gründer Athens.

1348 „zum Sizilischen Meer": Ob eine Anspielung auf die Sizilische Expedition (415–413 v.Chr.) vorliegt, muß offen bleiben.

Nachwort

Die Vorgeschichte

Das frühe Epos

Die Elektra-Geschichte, wie sie in der Tragödie des Euripides gestaltet ist, hat eine lange Vorgeschichte. Der Kern des sich ständig wandelnden Mythos ist noch älter als unsere Überlieferung, die mit den homerischen Epen einsetzt. Denn bloße Anspielungen im Epos machen deutlich, daß hinter ihnen eine ganze Geschichte steht, aus der der Dichter einzelne Züge herausgreift. Fügt man diese zusammen, so ergibt sich: Agamemnon hat einen Sohn, Orest, und vier Töchter, Chrysothemis, Laodike und Iphianassa (*Ilias* 9, 145); Elektra kommt (noch) nicht vor. Das nicht erhaltene frühgriechische Epos *Kyprien* kennt als vierte Tochter Iphigenie (Frgm. 23–24 Bernabé). Aus Laodike ist später Elektra geworden, nach Aelian (*Variae Historiae* 4, 26), weil sie unverheiratet („alektros") war. Laodike wird demnach später nicht mehr erwähnt, Iphianassa nur einmal beiläufig bei Sophokles (*Elektra* 157): Sie wird später mit Iphigenie identifiziert. Chrysothemis erscheint in der sophokleischen *Elektra* in einer Nebenrolle, nicht jedoch bei Aischylos und Euripides.

Elektra wird zum ersten Mal in einem verlorenen, dem Hesiod zugeschriebenen Werk *Ehoien* (= Frauenkataloge) erwähnt. In einem zuerst 1927 veröffentlichten Papyrusbruchstück (Frgm. 23 a, 16) werden zwei Töchter des Agamemnon erwähnt, Iphimeda und Elektra. Iphimeda wird am Altar der Artemis in Aulis von den Griechen geopfert; sie ist also die spätere Iphigenie. Von Elektra heißt es, daß sie „an Schönheit mit den Göttern wetteifern" könne. Keine der Töchter wird im Epos mit dem Teil des Mythos in Verbindung gebracht, der die Rache Orests mit der Ermordung Agamemnons zum Inhalt hat.

Die Rachehandlung als solche kommt aber schon in dem homerischen Epos vor. Namentlich aus der *Odyssee* (3, 303–310; 4, 512–539; 11, 405–439) erfährt man Einzelheiten: Agamemnon wird mit seinen Begleitern listig beim Mahle erschlagen; Klytaimestra tötet Kassandra. Aigisth herrscht sieben Jahre über Mykene; im achten Jahr kehrt Orest zurück, seltsamerweise aus Athen (3, 307), hier offenbar als Verbannungsort gedacht, in den tragischen Fassungen ist es der Entsühnungsort nach der Rachehandlung. Orest vollzieht die Rache, indem er Aigisth tötet. Es fehlt der Gattenmord, also die Beteiligung Klytaimestras an der Erschlagung Agamemnons. Die Tötung Klytaimestras durch Orest wird nur angedeutet, wenn es heißt, er habe nach seiner Rückkehr „den Mörder seines Vaters, den arglistigen Aigisthos" (3, 308) getötet und danach „für die verhaßte Mutter und den schwächlichen Aigisthos ein Totenmahl" ausgerichtet (3, 309).

Also ist auch die Tötung Klytaimestras vorausgesetzt, nicht aber ihre Mittäterschaft an der Ermordung Agamemnons. Der Dichter der *Odyssee* greift ausschnitthaft Einzelzüge aus einem ihm bekannten mythischen Geschehen heraus, um seiner Darstellung Relief zu geben, indem er die Heimkehr Agamemnons kontrastiv in Analogie zur Heimkehr des Odysseus setzt.

Bildliche Überlieferung

Wenig später setzt auch die bildliche Überlieferung ein. Seit Beginn der figürlichen Darstellung in der Vasenmalerei im 7. Jahrhundert v. Chr. erscheint auch dieser Mythos in verschiedenen Ausschnitten.

Die erste Darstellung der Elektra findet sich auf einem in das 2. Viertel des 7. Jahrhunderts datierten protoattischen Fußkrater, der aus Aigina stammt. Erkennbar sind vier Gestalten, von links nach rechts zunächst eine als Elektra gedeutete Gestalt, von der nur eine Schulterpartie und die Hand eines offenbar ausgestreckten Armes erhalten sind; dann Orest, der mit dem Schwert auf Aigisth losgeht; sodann Aigisth; und daneben Klytaimestra mit allen Zeichen des Entsetzens.

Von da an sind verschiedene Motive des Mythos wiederholt Gegenstand bildnerischen und malerischen Gestaltens. Besonders herausragend ist ein rotfiguriger Kelchkrater (jetzt in Boston) aus der Zeit 470/460 v. Chr., also noch vor der ersten dramatischen Bearbeitung des Stoffes durch Aischylos (Abbildung bei A. J. Prag 1986 und M. Flashar 1994).

Chorlyrik

Bei dem Chorlyriker Stesichoros (1. Hälfte des 6. Jahrhunderts) ist zum ersten Mal in der Literatur eine Verbindung von der Rachetat Orests und der Person der Elektra zumindest erschließbar. Stesichoros, der aus Himera in Sizilien stammt und eine Zeit lang in Sparta wirkte, hat viele epische Stoffe der Tragödie vermittelt. Sein umfangreiches Werk umfaßte in der alexandrinischen Buchausgabe 26 Bücher; es ist fast ganz verlorengegangen. Dazu gehörte auch eine in zwei Bücher eingeteilte *Orestie*, aus der einige Splitter erhalten sind (*Poetae Melici Graeci* Frgm. 216–219 Page). Daraus ist erkennbar: Klytaimestra ist die Verbindung mit Aigisth nur eingegangen, um Rache für die Opferung der Iphigenie durch Agamemnon zu nehmen. Agamemnon wird nach der Rückkehr aus Troia ermordet, und zwar nicht allein durch Aigisth – wie im Epos –, sondern unter Mithilfe Klytaimestras, die die eigentlich Verantwortliche ist. Nach der Ermordung erscheinen der Klytaimestra die Rachegöttinnen (Erinyes) Agamemnons im Traum als Schlangen (oder Drachen), die sich dann in die Gestalt Agamemnons ver-wandeln. Nach einiger Zeit kommt Orest; Elektra erkennt die Anwesenheit des Bruders zuerst an einer am Grab niedergelegten Locke. Locke und Fußspuren bilden ein Motiv, das sich fortan durch alle tragischen Versionen des Elektra-Stoffes in unterschiedlichen Varianten zieht. Orest vollzieht die Rache durch Tötung von Aigisth und Klytaimestra. Nun wenden sich die Rachegeister gegen Orest, der schließlich durch Apoll entsühnt wird. Auffallend ist die Veränderung der Tatorte. Die Opferung der Iphigenie erfolgt nicht in Aulis, sondern in Delphi; Agamemnon wird nicht in Mykene ermordet, sondern in Lakonien, wo er als Sohn des Phaisthenes König ist.

Pindar, *11. pythische Ode* (datiert auf 474 v. Chr.) stimmt insofern mit Stesi-choros überein, als Agamemnon König von Amyklai in Lakonien ist und Klytai-mestra für den Mord die Verantwortung trägt. Agamemnon opfert Iphigenie „am Euripos", also bei Aulis. Klytaimestra, die „grausame Frau", ermordet Agamem-non und Kassandra. Orest entkommt, flieht nach Delphi, kehrt später zurück und tötet Klytaimestra und Orest. Elektra wird nicht erwähnt.

Tragödie

Aischylos

Die *Orestie* des Aischylos enthält im ersten Stück, im *Agamemnon*, die Dar-stellung der Rückkehr Agamemnons aus Troia, der als Beutefrau die troische Seherin Kassandra mitgebracht hat. Aigisth tötet beide mit Hilfe Klytaimestras. Der Tatort ist Argos. Im zweiten Stück, in den *Choephoren*, tritt Elektra auf. Wie bei Stesichoros wird Klytaimestra durch einen Traum aufgeschreckt (vom Chor berichtet). Orest betritt mit Pylades den Boden der Heimat. Er legt am Grab des Vaters eine Locke nieder (Motiv aus Stesichoros). Anhand dieser Locke sowie aus den Fußspuren erschließt Elektra die Anwesenheit des Bruders. Es kommt zu einer frühen Wiedererkennung. Elektra trägt dazu bei, Orest die Kraft und Fähigkeit zu geben, die Rachetat auszuführen. Der Chor berichtet das Gesche-hen in ausgedehnten Partien und deutet es in religiösen Kategorien. Elektra tritt schon in der Mitte des Stückes ab; es kommt nicht zu einer Begegnung mit Klytaimestra. Orest und Pylades treten als angebliche Fremde mit der falschen Meldung vom Tod Orests in den Palast ein. Aigisth wird sofort getötet; die Aus-einandersetzung mit Klytaimestra ist verhältnismäßig kurz. Orest zögert für einen Augenblick, wird aber durch wenige Worte des Pylades (der nur hier spricht) an den Auftrag Apolls und die Rachepflicht erinnert. Gleich nach der Tat fühlt Orest sich dem Wahnsinn nahe; er will nach Delphi zu Apoll ziehen, der ihm die

Rachetat befohlen hat. Am Schluß stellt der Chor die Frage nach dem Ende des Unheils im Atridenhaus. Die Antwort auf diese Frage wird im dritten Stück der Trilogie, in den *Eumeniden*, mit der Entsühnung Orests durch den Freispruch vor dem Areopag, dem Gerichtshof Athens, gegeben.

Sophokles

Die *Elektra* des Sophokles beginnt, wie das Drama des Aischylos, mit der Rückkehr Orests, begleitet von Pylades (der stumm bleibt) und einem alten Diener, der Orest erzogen hat, in die Heimat. Bei Aischylos ging von Apoll selbst das Gebot aus, den Mord an Agamemnon zu rächen, unter Androhung furchtbarer Strafen, falls Orest die Tat nicht ausführen sollte. Bei Sophokles fragt Orest den Gott in Delphi, *wie* er die Tat ausführen soll. Der Entschluß zur Tat ist dabei schon vorausgesetzt. Da bei Sophokles der Gott die Tat nicht direkt befiehlt, steht Orest nicht so stark unter der Autorität des Gottes, der gleichwohl die Anweisung gibt, Orest solle allein, eigenhändig und unter Anwendung von List die Rache vollziehen. Damit ist die Intrige, die bei Aischylos erst in der Mitte des Dramas steht, an den Anfang gerückt. Orest entwickelt gleich zu Beginn dem Alten (und damit dem Zuschauer) seinen Plan. Das Motiv der am Grab niedergelegten Locke taucht beiläufig auf, dient aber nicht als Erkennungszeichen.

Anders als bei Aischylos ist Elektra in die Täuschung einbezogen. Obwohl sie fast das ganze Drama über auf der Bühne ist, erfährt sie lange Zeit nichts von der Anwesenheit Orests und dessen Plan. Das geschieht erst ganz kurz vor der Ausführung des Mordes. Intrige und Rache, Plan und Tat sind wie Prolog und Epilog als Rahmen um das Stück herumgelegt. Das Zentrum der Handlung sind Elektra und ihr Leiden. Diese Leiden bedeutet innere Einsamkeit, die Elektra gerade auch in der Umgebung von Menschen empfindet, die ihr zugetan sind, von Chrysothemis und vom Chor. Chrysothemis, die Schwester, die bei den beiden anderen Tragikern ganz fehlt, wird von Klytaimestra geschickt, um beschwichtigende Grabspenden darzubringen, weil Klytaimestra von einem Traum aufgeschreckt ist. Der bei Aischylos am Anfang des Stückes stehende Traum wird in die Mitte gesetzt, bei Euripides fehlt er ganz. Anders als bei Aischylos kommt es (wie auch bei Euripides) zu einer schroffen Auseinandersetzung zwischen Elektra und Klytaimestra.

Die Intrige selbst ist glänzend gestaltet und kommt so nur bei Sophokles vor. Es ist die in sich glaubhafte, weil rhetorisch suggestiv entfaltete Schilderung von dem angeblichen Unfall Orests beim delphischen Wagenrennen, die die noch ahnungslose Elektra anhören muß und sich damit noch mehr in die Einsamkeit getrieben sieht. Die Rachetat selbst ist in die Schlußszene gelegt. Dabei wird

Elektra nicht selbst handgreiflich, ist aber stärker als bei Aischylos beteiligt. „Schlage zu, wenn du die Kraft hast, zum zweiten Mal", ruft sie in den Palast. Die Reihenfolge der Tötungen ist gegenüber Aischylos (und Euripides) umgekehrt: Zuerst wird Klytaimestra getötet, dann der von außen kommende Aigisth, dessen Ermordung nur angekündigt wird. Das Stück endet vorher abrupt, ohne Reflexion über den Muttermord und ohne eine Andeutung über das weitere Geschick Orests, im Nichts.

Euripides

Die *Elektra* des Euripides ist ein ganz anderes Drama, dessen Tiefe und Hintergründigkeit durch viele Fehlurteile verstellt ist. Euripides provoziert sein Publikum, indem er feste Konventionen seiner Zeit durchbricht. So gehört es zu den selbstverständlichen Theaterkonventionen, daß Vorgänge in der Königsfamilie vor dem königlichen Palast als Bühnenbild spielen. Euripides durchbricht diese Tradition und verlegt den Schauplatz von der Polis weg aufs Land in ein Ambiente, in dem eigentlich das Satyrspiel zu Hause ist. Doch ist diese Tragödie alles andere als ein heiteres Satyrspiel. Es folgt ein Skandalon nach dem anderen. Die bei Sophokles völlig vereinsamte Elektra ist verheiratet, aber nicht standesgemäß, sondern mit einem verarmten Landmann, vor dem sich Aigisth nicht zu fürchten braucht. Die Ehe ist aber noch gar nicht vollzogen, wie mehrfach mitgeteilt wird (50–53; 254–262; 270; 945; 1284). Entsprechend gibt es auch keine Kinder, befremdlich in einer Gesellschaft, in der die Ehe ganz auf Nachkommenschaft ausgerichtet ist. Doch sind diese Normabweichungen geschickt mit der Dramaturgie des Stückes verknüpft. Daß die Ehe nicht vollzogen wurde, ist Voraussetzung dafür, daß am Schluß Kastor Elektra dem Pylades zur Frau geben kann (1284); und die Kinderlosigkeit, die Elektra Aigisth gegenüber verschweigt (271), ist Voraussetzung für die vorgetäuschte Geburt als Mittel der Intrige gegen Klytaimestra. Mit diesen Änderungen hat Euripides einen ganz anderen Rahmen um die im Kern bei allen Tragikern ähnlich vollzogene Rachehandlung gelegt.

Prolog (1–166)
Sieht man nach der Definition des Aristoteles (*Poetik* 12, 1452 b 18) den Teil der Tragödie, der dem ersten Auftreten des Chores vorangeht, als Prolog an, so ist dieser hier vielgestaltig und von dramatischem Leben erfüllt. Nach einem orientierenden Prolog des Bauern, mit dem Elektra verheiratet ist, und einer kurzen Szene zwischen ihm und Elektra (54–81) treten Orest und Pylades auf, die die noch unerkannte Elektra aus einem Gebüsch beobachten (112–116). Der Bauer (Autourgos = wörtlich: einer, der selbst arbeitet) führt in die Situation ein und

erklärt die unmittelbare Vorgeschichte. Die Szene ist nach Argos hin orientiert, Agamemnon ist König von Argos (wie bei Aischylos), nicht von Mykene (wie im Epos und bei Sophokles).

Der Bauer hat schon bessere Tage gesehen; er stammt aus einem adligen Geschlecht und ist jetzt verarmt. Für den antiken Zuschauer standen dahinter relativ rezente Erfahrungen und Erinnerungen, die Euripides im Text verarbeitet hat. Mykene ist im Jahre 469 v. Chr. von Argos erobert und zerstört worden; zur Zeit der Aufführung der *Elektra* war Mykene unbewohnt. Die Einwohner mußten seinerzeit fliehen und auswandern. Einer davon hat in unserem „Bauern" Gestalt gewonnen, der sich nun im Einflußbereich von Argos bescheiden eingerichtet hat. Ein Fiktionsbruch gewiß, aber Euripides hat stärker als Sophokles zeitgeschichtliche Ereignisse implizit in seinen Tragödien spürbar werden lassen. Auf diese Weise ist die Ehe Elektras mit dem verarmten Edelmann, der jetzt als Bauern rechtschaffen und aufrichtig lebt, besonders gut motiviert.

Der erste Auftritt Elektras zeigt sogleich, daß ihre tätige Mithilfe, hier beim Schöpfen des Wassers aus einer Quelle, nicht nur der häuslichen Wasserversorgung dient, sondern zugleich im Zusammenhang mit rituellen Beschwörungen im Dienste des Totenkultes steht. In noch schwarzer Nacht bricht sie auf, um Klagelieder in den Aether zu den Göttern zu senden. Hier wird eine kultische Dimension spürbar, die dem rechtschaffenden Bauern verschlossen ist, dem es um Mühe, Fleiß und Arbeit geht. Elektra – aufgeregt, nervös, drängend, klagend, nach Rache dürstend – lebt in einer anderen Welt. Es geht ihr nicht schnell genug, bis es endlich Tag wird (112–114), damit sie in aller Öffentlichkeit ihre in den rituellen Wiederholungen eindringliche Klagen vernehmbar werden lassen kann. So werden sie auch von Orest und Pylades gehört, die inzwischen von einem Versteck aus die Szene beobachten.

In der Struktur ist dieser erste Teil der Tragödie bei Sophokles und Euripides ganz ähnlich gestaltet: Orientierender Prolog im engeren Sinne, früher und kurzer Auftritt Orests, Klagen der Elektra.

Parodos (167–211)

Der Chor besteht aus einer Gruppe heiratswilliger junger Frauen (nach Aristoteles, *Politik* 7, 16, 1335 a 28 sollen Frauen am besten mit 18 Jahren heiraten), die sich zu einem bevorstehenden Herafest rüsten, bei Elektra vorbeischauen, um sie mitzunehmen, ohne Erfolg. Elektra schließt sich von diesem Versuch der Sozialisation aus. Wieder integriert Euripides Verhältnisse seiner, jedenfalls nicht der mykenischen Zeit in die Tragödie. Denn der imaginierte Schauplatz liegt in der Nähe des Heiligtums der Hera, der Schutzgöttin der Frauen, der Ehe und der Argolis. Das jährliche Fest war ein soziales Ereignis; man zog zu dem etwa 10 km entfernten (noch heute besuchten und besuchenswerten) Heraion, die Herapriesterin voran. In dieser Gegend ist also die Hütte Elektras zu denken; die dort gelegene, noch heute vorhandene Quelle (Eleutherios) ist die gleiche, aus der Elektra und die Priesterinnen des Heratempels Wasser schöpfen. Der Heratempel wurde gerade zur Zeit des Euripides neu errichtet, nachdem er im Jahre 423 v. Chr. infolge der Unachtsamkeit einer Priesterin Feuer gefangen hatte und ausgebrannt war (Pausanias, 2, 16–17). Die Neuerrichtung des Tempels mit dem Kultbild der Hera aus Gold und Elfenbein von Polyklet (fertiggestellt gegen 415 v. Chr.) fällt in die Entstehungszeit der *Elektra*. Euripides hatte offenbar genaue Ortskenntnis. Das Herafest (zu den Einzelheiten mit Belegen vgl. W. Burkert, Homo Necans, Berlin 1977, 183–189) wölbt sich über das ganze Drama. Es bestand aus sportlichen und musischen Agonen, darunter einem Reiterstechen nach Schilden, weshalb das ganze Fest auch „Aspis" genannt wurde. Preis war ein erzerner Schild, vgl. als Entsprechung bei Euripides die Schildbeschreibung (455–475); ferner wurde eine Hekatombe von Rindern geopfert; vgl. bei Euripides das Stierpofer (773 ff.) und die Stieropfermetaphorik im ganzen Stück; schließlich erinnert der prunkvolle Einzug Klytaimestras (988–1003) an den feierlichen Einzug der Herapriesterin, die im Wagen von Argos kommt (Herodot 1, 31). Das von den Jungfrauen gewebte feierliche Festgewand (*Taurische Iphigenie* 222) kontrastiert mit der ärmlichen Kleidung Elektras. An den Westmetopen des neu errichteten Tempels war die Eroberung Troias dargestellt, die teils explizit, teils implizit hinter dem Geschehen der *Elektra* steht. Die Weigerung Elektras, an dem Fest teilzunehmen, hängt auch mit dem Bestehen auf ihrer Jungfräulichkeit zusammen und mit ihrer von der Dramaturgie des Stückes geforderten Einsamkeit. Wie schwer der Verzicht auf die Teilnahme an diesem Fest sein muß, zeigt Iphigenie, die unfreiwillig von dem Fest ausgeschlossen ist (*Taurische Iphigenie*, 220).

Erstes Epeisodion (213–431)

Dieser umfangreiche Akt enthält die Begegnung zwischen Orest und Elektra, aber noch ohne die völlige Wiedererkennung; Orest hat Elektra erkannt, diese aber noch nicht Orest. Durch die Verlegung der Szenerie aufs Land gewinnt Euripides neue Perspektiven. Während Elektra bei Sopkokles noch im Königshaus lebt und alles Geschehen unmittelbar miterlebt, sind bei Euripides die Schilderungen über das Leben am Hofe, wie Aigisth im königlichen Wagen einherfährt, wie er in trunkenem Zustand das Grab Agamemnons schändet, Produkte der Phantasie der trotz der Ehe mit dem Landmann einsamen und nahezu hysterischen Elektra. Und auf dieser Ebene gelangen Informationen über die Vorgänge im Königshaus an Orest.

Im übrigen zeigt sich gerade in diesem Stück die Vorliebe des Euripides nicht nur für biotische Details des bescheidenen Landlebens, sondern auch für allgemeine Spruchweisheiten, zumeist aus dem Munde Orests, über Reichtum und

Armut, über die Schwierigkeit, einen guten Charakter zu erkennen (380–390) und über manches andere, gelegentlich auch dem Bauern in den Mund gelegt (426–431), womit Euripides sein Publikum direkter anspricht als Sophokles.

Erstes Stasimon (432–486)

Das hochpoetische Chorlied lenkt auf den Ausgangspunkt des Konfliktes zurück, aber nicht auf die Opferung der Iphigenie zum Zwecke eines guten Fahrtwindes (davon wird Klytaimestra ausgehen), sondern auf die Ausfahrt der prächtigen Flotte, wie ähnlich zur Zeit des Euripides die Flottenausfahrt zur Sizilischen Expedition bestaunt wurde (Thukydides 6, 31). Naive Gemüter neigen dazu, am Beginn kriegerischer Konflikte siegesgewiß Waffen, Kriegsgerät und Transportmittel zu verherrlichen. Und die jungen, heiratswilligen Mädchen sehen analog zu ihren eigenen Tänzen die Überfahrt der Flotte als eine Art Tanz an. Die Ruderschläge geben den Takt an, zu dem die Meerjungfrauen in musischer Harmonie tanzen. Schiffe, Ruderschläge, Meerjungfrauen (Nereiden) und Delphine bilden ein aufeinander abgestimmtes Tanzensemble.

Es ist aber nicht, wie man erwarten könnte, das Schiff Agamemnons, von dem die Rede ist, sondern dasjenige Achills, dessen von Hephaistos kunstvoll geschmiedete Rüstung beschrieben wird. Euripides stellt sich damit in die poetische Konkurrenz zu der berühmten Schildbeschreibung in der *Ilias* Homers (18, 478–612), mit dem Unterschied, daß Euripides die ursprüngliche Rüstung beschreibt, die Achill dem Patroklos ausleiht und die Hektor im Kampf mit Patroklos erbeutet und dann selbst anzieht, während Homer die nach dem Verlust der ersten nun von Hephaistos neu gefertigte Rüstung schildert. Mit Agamemnon hat dies nur insofern zu tun, als er, wie der Chor ausdrücklich hervorhebt (479), der Oberbefehlshaber aller Griechen vor Troia und damit auch Achills gewesen ist.

Aber woher wissen die jungen Mädchen, die den Chor bilden, das alles? Euripides achtet auf sorgfältige Motivation. Die Mädchen haben es in dem zu Argos gehörenden Hafen Nauplia von einem Mann erfahren, der aus Troia kam (452). Wer das war, bleibt offen. Das auf den ersten Blick so schön glänzende Bild wird bei näherem Zusehen ambivalent. Von den im Prolog (s. Anm. zu Vers 2) erwähnten tausend Schiffen sind nur wenige zurückgekehrt, von den hundert Schiffen Agamemnons nur eines, von den zwölf Schiffen des Odysseus (um nur diese herauszugreifen) gar keines. Und die gepriesene Rüstung ist alsbald in die Hände des Gegners gefallen. Der Glanz des Sieges ist getrübt und wird durch die Ermordung Agamemnons vollends pervertiert.

Zweites Epeisodion (486–698)

Dieser Akt bringt die Wiedererkennung der Geschwister und die Planung der Morde. Euripides zeigt Elektra bei der Wiedererkennung, in deren Verlauf die seit Stesichoros stereotypen Motive der Fußspuren Orests am Grab seines Vaters und der dort niedergelegten Locke aufgegriffen und abgewandelt werden, auffallend zögerlich und mißtrauisch. Orest seinerseits hat Elektra schon längst erkannt.

Die Verlegung der Szenerie aufs Land ermöglicht Euripides, Plan und Ausführung der Intrige jeweils in zwei Hälften zu teilen. Bei Aischylos und Sophokles werden Aigisth und Klytaimestra im Königspalast von Orest allein getötet. Bei Sophokles stirbt zuerst Klytaimestra, dann Aigisth, der erst nach deren Ermordung die Szene betritt. Euripides kehrt zu der von Aischylos vorgegebenen Reihenfolge zurück, läßt aber wie Sophokles Aigisth und Klytaimestra in getrennten Aktionen zu Tode kommen.

Den Plan zur Tötung Aigisths entwickelt bei Euripides der alte Erzieher, der, aus Argos kommend, weiß, daß Aigisth sich gerade in seinem nahegelegenen Landgut aufhält. Dorthin sollen sich Orest und Pylades begeben. Der Plan zur Tötung Klytaimestras stammt von Elektra selbst, die damit ein viel höheres Maß an Verantwortung auch für die Ausführung der Tat erhält, als es in den Tragödien des Aischylos und Sophokles der Fall war. Ihre infame Lüge, sie habe ein Kind geboren, kalkuliert die allgemeine und offenbar auch in der Antike verbreitete Erwartung ein, daß jede Großmutter auf eine derartige Nachricht hin kommt und zur Hilfe eilt. Es zeigt sich überdies, daß die Jungfräulichkeit, auf die Elektra wiederholt verweist, in ihrer Umgebung nicht als selbstverständlich angesehen wird; sonst wäre die Nachricht von der Niederkunft nicht glaubhaft. Entsprechend wurde der Status der Jungfräulichkeit dem Aigisth ausdrücklich verschwiegen (271). Man sieht, wie in sorgfältiger Komposition sich die Einzelzüge zusammenschließen.

Zweites Stasimon (699–746)

Zwischen Plan und Ausführung steht dieses schwierige Chorlied, in dem sich Euripides erneut als Meister der lyrischen Töne erweist. Angespielt wird auf komplizierte mythische Details, die der moderne Zuschauer (oder Leser) zu entschlüsseln mehr Mühe hat als der zeitgenössische.

Es geht um ein goldenes Lamm (ein mit goldenem Fell überzogenes Tier) als Symbol der Macht, die zwischen Atreus, dem Vater Agamemnons, und Thyest, dem Bruder des Atreus und Vater Aigisths strittig war. Zunächst – so der Chor – hatte Atreus die Macht inne, dann verführte Thyest dessen Frau, brachte mit deren Hilfe das Lamm in seinen Besitz und erhob Ansprüche auf die Macht. Daraufhin habe Zeus die Natur „umgedreht", namentlich den Lauf der Gestirne; Dürre stellt sich ein, wo früher Regen das Land fruchtbar machte. Das kann der

Chor nicht glauben. Derartige Sagen dienten zu Einschüchterung der Menschen, um die Götter zu ehren.

Man kann diese Worte aus dem Mund des Chores als ganz naive Aussage verstehen, aber es klingt hier auch der Zweifel des aufklärerischen Dichters Euripides an, Zweifel am Wahrheitsgehalt der alten Mythen, wie sie auch in der gleichzeitig aufgekommenen Sophistik laut werden. Der Kern der mythischen Aussage, die Natur ändere ihren normalen Lauf als Strafe für den Frevel der Menschen, ist indes heute durchaus nachvollziehbar angesichts der Naturkatastrophen unserer Tage.

Drittes Epeisodion (747–1146)

Die Ausführung der Intrige zeigt Orest und Elektra bei Euripides in negativerem Licht als bei Aischylos und Sophokles. Orest ist feige, zögerlich und schwach; Elektra erscheint als hart, böse und entschlossener als bei den beiden anderen Tragikern. Die Tötung Aigisths kann nur berichtet werden, weil die griechische Tragödie auf der Bühne kein ‚Drinnen' kennt, Morde aber in der Regel hinterszenisch geschehen und hinterszenische Vorgänge dann durch einen Boten berichtet werden. Ein solcher Botenbericht wird als Glanzstück einer jeden Tragödie vom Publikum auch mit Spannung erwartet.

In der Tat ist der Bericht über die Tötung Aigisths sehr plastisch und voller Spannung. Der Aufenthalt Aigisths auf seinem Landsitz steht im Zusammenhang mit dem Herafest. Aigisth will den Nymphen ein Opfer bringen (625), das als Voropfer für die Kulthandlung auf dem Herafest zu verstehen ist. Orest, als Gast mit Pylades freundlich aufgenommen, verstößt zweifach gegen Normen der griechischen Gesellschaft – gegen die Gebote der heiligen Gastfreundschaft und gegen die bei sakralen Handlungen geforderte Reinheit und Aufrichtigkeit–, indem er Aigisth feige von hinten tötet (ganz anders als bei den beiden anderen Tragikern). Die Szene mit dem Messertausch ist sehr hintergründig. Auffallend ist die Parallelität: Aigisth wird getötet wie der zuvor geopferte Stier, dessen Eingeweide böse Vorzeichen verheißen. Das eigentliche Opfer aber ist Aigisth, der so mit dem Stier auf eine Stufe gestellt wird. Ein sakraler Ritus wird pervertiert.

Eine Perversion ist aber auch die anschließende hasserfüllte Rede der Elektra an den toten Aigisth (906–956). Sie ist nach allen Regeln der neuesten Rhetorik gestaltet (Gliederung nach Anfang, Mitte und Ende, 906–910) mit dem Unterschied, daß der Angeredete die Rede nicht anhören und natürlich auch nicht antworten kann. Es ist eine gespenstisch wirkende Abrechnung.

Ein wirkliches Rededuell findet indessen statt zwischen Elektra und Klytaimestra (1011–1122), die in königlichem Wagen mit orientalischem Gepränge vorfährt. Ihre Argumentation ist gegenüber den analogen Partien bei Aischylos und bei Sophokles deutlich weiterentwickelt. Dort hatte sie sich mit dem Hinweis auf die Opferung ihrer Tochter Iphigenie durch Agamemnon in Aulis bei der Ausfahrt nach Troia zu rechtfertigen gesucht. Jetzt betont sie, das hätte sie noch hingenommen, nur habe Agamemnon bei der Heimkehr die troische Seherin Kassandra mitgenommen und als eine zweite Frau ins Haus geführt, das hätte sie von jeglicher Treue entbunden. Daß damit der Gattenmord nicht gerechtfertigt ist, weist ihr Elektra sofort nach. Immerhin gesteht Klytaimestra, daß sie ihre Tat eigentlich schon bereut (1105).

Die Tötung der durch eine Lüge in die Hütte gelockten Klytaimestra zeigt Orest feige und Elektra entschlossen und aktiv, wiederum in einer Steigerung gegenüber Aischylos und Sophokles. Bei Aischylos verläßt Elektra vor der Ausführung der Tat die Bühne, bei Sophokles bleibt sie auf der Bühne, geht aber nicht mit Orest in den Königspalast. Bei Euripides hingegen geht sie mit ins Haus, dirigiert das Schwert von hinten, da der mutlose Orest sich ein Gewand über den Kopf geworfen hat, weil er dem Blick der Mutter nicht standhalten konnte. Ohne Elektras tätige Mithilfe wäre Orest die Ermordung der Klytaimestra nicht gelungen. Entsprechend lastet auf ihr ein größerer Teil Schuld und Verantwortung als in den anderen Versionen.

Nach der Tat sind Orest und Elektra orientierungslos in unsicherem Schwanken zwischen Schuldbewußtsein und Genugtuung über den Vollzug der Rache. Sowohl vor (971) als auch insbesondere nach der Tat (1190–1193) geben sie Apoll die Schuld, der durch einen Orakelspruch die furchtbare Tat befohlen hatte. Kritik an der Glaubwürdigkeit der Götter – bei Aischylos und Sophokles undenkbar – ist für Euripides Ausdruck der Krise der Zeit, Zeichen eines allgemeinen Autoritätszerfalls. Orest und Elektra als Repräsentanten einer jüngeren Generation wirken am Ende hilflos, geradezu erdrückt von den Taten und Untaten ihrer Vorfahren. Eigentlich gibt es keine Lösung.

Schlußszene und Exodos (1233–1359)
Euripides bietet doch eine Lösung, in der Form des deus ex machina, des „Maschinengottes". Es ist dies offenbar eine Erfindung des Euripides, die der späte Sophokles (z.B. im *Philoktet*) übernommen hat. Es ist die plötzliche Epiphanie eines Gottes, der in die Zukunft weist, wenn die Handlung aus sich heraus nicht mehr weiter entwickelt werden kann. In mehreren euripideischen Stücken treten so Apoll und Athena auf, hier die beiden Dioskuren Kastor und Polydeukes, die jetzt unter die Götter versetzten Zwillingsbrüder der Klytaimestra, von Euripides sinnvoll motiviert, denn sie sind nach dem Tode der Eltern für Orest und Elektra die nächsten Verwandten und natürlichen Vormünder. Daß sie ursprünglich Spartaner sind, die hier mit göttlicher Autorität auftreten, stört Euripides auch mitten im Krieg zwischen Athen und Sparta nicht. Ihr Auftritt erzwingt kein Aufführungsdatum um 420 v. Chr., als für kurze Zeit die Kriegshandlungen ruhten (so W. Burkert 1990), treten sie doch auch als dei ex machina in der auf 412 v. Chr. datierten *Helena* auf.

Was Kastor (Polydeukes bleibt stumm) für die Zukunft sagt, entspricht mit gewissen Abwandlungen dem Inhalt des letzten Stückes der *Orestie*, den *Eumeniden* des Aischylos, bis hin zu dem Gerichtsverfahren vor dem Areopag und dem Freispruch für Orest bei Stimmengleichheit. Der antike Zuschauer erkannte die Beziehung sofort, war doch die *Orestie* als erste dramatische Gestaltung des ganzen Geschehenskomplexes präsent. Die Mitteilung Kastors, Helena sei nie in Troia gewesen (1281), läßt dabei allerdings das gesamte Geschehen des Dramas mit allen Auswirkungen als grundlos und überflüssig erscheinen. Zu den Aufgaben eines Vormundes gehört auch die Regelung der Familienverhältnisse. Pylades, der treue Gefährte, erhält Elektra zur Frau; der Bauer wird großzügig abgefunden. Noch einmal wird damit die Jungfräulichkeit Elektras motiviert. Elektra und Orest, die sich gerade gefunden haben, müssen sich trennen. Diese Trennung ist für Elektra viel schmerzhafter als die Trennung von ihrem Partner, dem edlen Landmann, über den sie kein Wort mehr verliert. Die Dioskuren als Beschützer der Seefahrt ziehen weiter zum Sizilischen Meer, um die Schiffe zu beschützen. Ob darin eine Anspielung auf die für Athen desaströs endende Sizilische Expedition (415–413 v. Chr.) liegt, ist umstritten. In jedem Fall dokumentiert das Stück eine tiefe Krise in einer Zeit des Umbruchs und des Verlustes traditioneller Werte in der athenischen Gesellschaft.

Datierung

Die *Elektra* des Euripides ist nicht sicher datiert. Die verschiedenen Datierungsvorschläge schwanken zwischen 420 und 413 v. Chr. Da für die *Elektra* des Sophokles ebenfalls kein sicheres Datum überliefert ist, stellt sich auch die Frage der Priorität zwischen den beiden *Elektra*-Dramen seit langem und bis heute als strittig dar. In der Tat sind viele angenommene Motivabhängigkeiten zwischen beiden Dramen auch umkehrbar. So müssen stärkere Berührungen des Euripides mit Aischylos in Einzelheiten nicht für eine Priorität gegenüber Sophokles sprechen.

Die Fülle der Arbeiten hier auch nur zu erwähnen, ist unmöglich und auch nicht nötig, muß doch die Tragödie in erster Linie aus sich heraus verstanden werden. Bezeichnend für die Unsicherheit der Argumente ist, daß der große Philologe Ulrich von Wilamowitz-Moellendorff vor über hundert Jahren in dem Bestreben, die chronologische Kette Aischylos – Sophokles – Euripides aufzubrechen, mit Entschiedenheit für die Priorität der euripideischen vor der sophokleischen *Elektra* votiert hat (Die beiden Elektren, in: Hermes 18, 1883, 214–263 = Kleine Schriften 6, 161–208), um einige Zeit später selbst die Reihenfolge wieder umzukehren (Hermes 34, 1899, 57 f., Anm. 1 = Kleine Schriften 6, 212, Anm. 1). Über diesen Sinneswandel gibt es bereits wiederum Literatur (Braun 2000).

Seitdem werden die Argumente hin und her gewendet, ohne daß ein wirklicher Konsens erreicht wäre. Doch dürfte aus der Gesamtanlage des Stückes und der Argumentationsstruktur im einzelnen deutlich sein, daß die Tragödie des Euripides die spätere ist. Deren traditionelle Datierung auf 413 v. Chr. begegnet aber neuerdings erheblichen Zweifeln. So ist die Bemerkung, Helena sei nie in Troia gewesen, sondern habe sich in Ägypten aufgehalten (1279–1283) als Vorverweis auf die 412 v. Chr. aufgeführte *Helena* nicht zwingend. Die Version, wonach nur ein Trugbild Helenas in Troia blieb, war seit Stesichoros bekannt. Anders steht es mit dem Hinweis auf die Rettung der Schiffe im Sizilischen Meer durch die Dioskuren (1347 f.). Hier drängt sich dem unbefangenen Leser der Bezug auf die Sizilische Expedition (415–413 v. Chr.) auf. Die ältere Forschung wollte dabei als genaues Datum das Frühjahr 413 v. Chr. festmachen. Die Schiffe sind noch auf Fahrt und nicht vor Anker (1348). Die Bemerkung, die Dioskuren würden nicht dem Frevler, wohl aber dem Gerechten helfen, ist als Hinweis darauf verstanden worden, daß Alkibiades (der „Frevler"; er wurde wegen der Teilnahme am Hermokopidenfrevel zurückberufen) die Flotte schon verlassen hatte, während Nikias (der „Gerechte") den Oberbefehl führte. Diese Situation ergab sich im Sommer 415 v. Chr. und würde damit ganz gut mit anderen Überlegungen zur Datierung auf etwa 414/413 v. Chr. zusammenpassen. Doch sind die Unsicherheiten zu groß, um eindeutige Festlegungen zu treffen.

Nachwirkung

Eine spezifische Nachwirkung der euripideischen *Elektra* gibt es kaum. Die gesamte europäische Literatur orientiert sich für diesen Themenkomplex an Aischylos oder an Sophokles. Selbst Hugo von Hofmannsthal kannte die *Elektra* des Euripides nicht, obwohl seine eigene literarische Schöpfung der Elektragestalt in ihrem emotionalen Habitus der Elektra des Euripides relativ nahe steht. Sicher hat auch das krasse Fehlurteil August Wilhelm Schlegels, die *Elektra* des Euripides sei „vielleicht sein allerschlechtestes Stück" zu ihrer geringen Verbreitung beigetragen.

Allein der Schwarz-Weiß-Film *Electra* von Michael Cacoyannis aus dem Jahr 1962 hat das Drama des Euripides zur Grundlage, wenn auch nur zufällig, da Cacoyannis in einer Athener Buchhandlung irrtümlich eine Textausgabe der *Elektra* des Euripides statt derjenigen des Sophokles gekauft hatte. Der Film mit Irene Pappas als Elektra und der Musik von Theodorakis ist an den Schauplätzen des Dramas gedreht und vermittelt einen dokumentarischen Eindruck von der Kargheit der Landschaft, der düsteren Einraumhütte der Elektra und vor allem von der eindringlichen Stärke der mediterranen Emotionalität.

Auch auf dem Theater erscheint die *Elektra* des Euripides relativ selten, zuletzt in der Regie von Hansgünther Heyme in Ludwigshafen (2005/6) auf der Grundlage der hier vorliegenden Übersetzung.

Ausgewählte Literatur

Aus der Fülle der Literatur wird nur das erwähnt, was für den Leser der Übersetzung von Bedeutung sein kann. Ein erschöpfendes Literaturverzeichnis mit kurzer Charakterisierung der einzelnen Arbeiten findet sich bei M. Hose, Forschungsbericht Euripides (I), in: Lustrum 47, 2005, zur Elektra 283-318.

Text
Euripidis Fabulae II, Oxford 1981.
Euripides, Electra, ed. G. Basta Donzelli, Stuttgart/Leipzig 1995, 2. Aufl. 2002.

Kommentare
M. J. Cropp, Euripides, Electra. With translation and commentary, Warminster 1988.
J. D. Denniston, Euripides, Electra, Oxford 1939, Nachdruck 1977.

Zur bildlichen Überlieferung
M. Flashar, in: H. Flashar (Hg.), Sophokles, Elektra, Frankfurt 1994, 83–98; 150–163.
A. J. Prag, The Oresteia. Iconographic and Narrative Tradition, Warminster/ Chicago 1985, 68–84.

Zu den anderen Elektra-Fassungen (Kurzüberblicke)
H. Flashar (Hg.), Sophokles, Elektra, Frankfurt 1994 (mit der Übersetzung von W. Schadewaldt).
H. Flashar, Sophokles. Dichter im demokratischen Athen, München 2000.

Zur Elektra des Euripides
D. Baur, Chor und Theater: Zur Rolle des Chores in der griechischen Tragödie unter besonderer Berücksichtigung von Euripides' Elektra, in: Poetica 29, 1997, 26–47.
M. Braun, Die beiden Elektren (1883): Warum Wilamowitz später seine Meinung geändert hat, in: W. M. Calder III et al. (Hg.), Wilamowitz in Greifswald, Hildesheim 2000, 616–636.
J. M. Bremer, Exit Electra, in: Gymnasium 98, 1991, 325–342.
W. Burkert, Ein Datum für Euripides' Elektra: Dionysia 420 v. Chr., in: Museum Helveticum 47, 1990, 65–69.
J. Dalfen, Elektra – Die Entwicklung einer mythischen Person zu einer Gestalt der Weltliteratur, in: P. Neukam (Hg.), Wiederspiegelungen der Antike, München 1981, 5–27.

K. von Fritz, Die Orestessage bei den drei großen Tragikern, in: ders., Antike und moderne Tragödie, Berlin 1962, 113–159.

Th. Gärtner, Verantwortung und Schuld in der Elektra des Euripides, in: Museum Helveticum 62, 2005, 1–29.

M. Hose, Studien zum Chor bei Euripides, 2 Bde., Stuttgart 1990/91 (zur Elektra I 70–78; II 45–54).

R. Leimbach, Die Dioskuren und das Sizilische Meer in Euripides' Elektra, in: Hermes, 100, 1972, 190–195.

K. Matthiessen, Die Tragödien des Euripides, München 2002 (zur Elektra 137–146).

J. Mossmann, Women's Speech in Greek Tragedy: the Case of Clytaimestra in Euripides' Electra, in: Classical Quarterly 51, 2001, 374–384.

W. Pötscher, Das Hera-Fest im Heraion von Argos, in: Acta Antiqua Academiae Scientiarum Hungaricae 37, 1996/7, 25–36.

K. Steinmann, Euripides, Elektra, Stuttgart 2005 (Übersetzung, Nachwort, Anmerkungen).

A. Vögler, Vergleichende Studien zur sophokleischen und euripideischen Elektra, Heidelberg 1967.

F. J. Zeitlin, The Argive Festival of Hera and Euripides' Electra, in: Transactions and Proceedings of the American Philological Association 101, 1970, 645–669.

G. Zuntz, The Political Plays of Euripides, Manchester 1955, 2. Aufl. 1963 (zur Elektra 102–109).